Klaus Schilling, Jens Helling
Herausgeber: Klaus Schilling

Mathematik für Berufliche Gymnasien

Formelsammlung

Einführungs- und Qualifikationsphase

Ausgabe für das Kerncurriculum in Niedersachsen 2018

1. Auflage

Bestellnummer 11650

■ Bildungsverlag EINS
westermann

Bildquellenverzeichnis:
stock.adobe.com, Dublin: Umschlag (dankos)

service@bv-1.de
www.bildungsverlag1.de

Bildungsverlag EINS GmbH
Ettore-Bugatti-Straße 6–14, 51149 Köln

ISBN 978-3-427-**11650**-9

westermann GRUPPE

Inhaltsverzeichnis

Analysis

Analytische Geometrie

Lineare Algebra

Stochastik

Geometrie

Anhang

1 Mathematische Zeichen und Symbole der Analysis

Zeichen, Symbol	Sprechweise/Bedeutung	Beispiel
$=$	gleich	$4 = 4$
$\neq$	ungleich	$3 \neq 4$
$\approx$	ist ungefähr gleich	$\sqrt{2} \approx 1{,}41$
$<$	kleiner als	$3 < 4$
$>$	größer als	$5 > 4$
$\leq$	kleiner gleich	$x \leq 3$
$\geq$	größer gleich	$x \geq 4$
$\| \|$	Betrag von	$|-3| = 3$
∞	unendlich	
$\Rightarrow$	daraus folgt	n ist durch 4 teilbar $\Rightarrow n$ ist durch 2 teilbar
$\Leftrightarrow$	gilt genau dann, wenn; ist äquivalent mit/zu	$2x = 4 \Leftrightarrow x = 2$
$\wedge$	und (logisches und)	$p \wedge q$: sowohl p als auch q sind wahr
$\vee$	oder (logisches oder)	$p \vee q$; mindestens eine der Aussagen ist wahr
$\mathbb{N}$	Menge der natürlichen Zahlen **einschließlich 0**	$\mathbb{N} = \{0; 1; 2; 3; \ldots\}$
$\mathbb{Z}$	Menge der ganzen Zahlen **einschließlich 0**	$\mathbb{Z} = \{\ldots; -3; -2; -1; 0; 1; 2; 3; \ldots\}$
$\mathbb{Q}$	Menge der rationalen Zahlen **einschließlich 0**	$\mathbb{Q} = \left\{ \dfrac{a}{b} \,\middle|\, a, b \in \mathbb{Z} \wedge b \neq 0 \right\}$
$\mathbb{R}$	Menge der reellen Zahlen **einschließlich 0**	unendliche, nicht periodische Dezimalzahlen wie $\sqrt{2}$, e, π und rationale Zahlen
$\mathbb{N}^*, \mathbb{Z}^*, \mathbb{Q}^*, \mathbb{R}^*$	Zahlen der jeweiligen Menge **ohne 0**	$\mathbb{Z}^* = \{\ldots; -3; -2; -1; 1; 2; 3; \ldots\}$

Zeichen, Symbol	Sprechweise/Bedeutung	Beispiel
$\mathbb{Z}_+$, $\mathbb{Q}_+$, $\mathbb{R}_+$ auch: $\mathbb{Z}_{\geq 0}$, $\mathbb{Q}_{\geq 0}$, $\mathbb{R}_{\geq 0}$	positive Zahlen der jeweiligen Menge **einschließlich 0**	$\mathbb{Z}_+ = \mathbb{Z}_{\geq 0} = \{0;\ 1;\ 2;\ 3;\ \ldots\} = \mathbb{N}$
$\mathbb{Z}_+^*$, $\mathbb{Q}_+^*$, $\mathbb{R}_+^*$ auch: $\mathbb{Z}_{> 0}$, $\mathbb{Q}_{> 0}$, $\mathbb{R}_{> 0}$	positive Zahlen der jeweiligen Menge **ohne 0**	$\mathbb{Z}_+^* + \mathbb{Z}_{> 0} = \{1;\ 2;\ 3;\ \ldots\}$
$\mathbb{Z}_-$, $\mathbb{Q}_-$, $\mathbb{R}_-$ auch: $\mathbb{Z}_{\leq 0}$, $\mathbb{Q}_{\leq 0}$, $\mathbb{R}_{\leq 0}$	negative Zahlen der jeweiligen Menge **einschließlich 0**	$\mathbb{Z}_- = \mathbb{Z}_{\leq 0} = \{\ldots;\ -3;\ -2;\ -1;\ 0\}$
$\mathbb{Z}_-^*$, $\mathbb{Q}_-^*$, $\mathbb{R}_-^*$ auch: $\mathbb{Z}_{< 0}$, $\mathbb{Q}_{< 0}$, $\mathbb{R}_{< 0}$	negative Zahlen der jeweilige Menge **ohne 0**	$\mathbb{Z}_-^* = \mathbb{Z}_{< 0} = \{\ldots;\ -3;\ -2;\ -1\}$
$\{1;\ 2;\ 3\}$	Menge mit den Elementen 1, 2 und 3	$A = \{1;\ 2;\ 3\}$
$\{x\,|\,\ldots\}$	Menge aller x, für die gilt …	$D = \{x\,|\,0 < x < 3\}$ Menge aller x, für die gilt $0 < x < 3$
$\{(x;\ y)\,|\,\ldots\}$	Menge aller Zahlenpaare $(x;\ y)$, für die gilt …	$\{(x;\ y)\,|\,y = 3x\}$ Menge aller Zahlenpaare $(x;\ y)$, für die gilt $y = 3x$
$\varnothing = \{\ \}$	leere Menge Eine leere Menge enthält keine Elemente.	Lösungsmenge einer unlösbaren Gleichung: $L = \varnothing$
$\in$	Element von	$1 \in \mathbb{N}$
$\notin$	nicht Element von	$-1 \notin \mathbb{N}$
$\cup$	vereinigt mit (Zusammenfügen von Mengen)	$\{1;\ 2\} \cup \{2;\ 3;\ 4\} = \{1;\ 2;\ 3;\ 4\}$
$\cap$	geschnitten mit (Gemeinsamkeiten von Mengen)	$\{1;\ 2\} \cap \{2;\ 3;\ 4\} = \{2\}$
$\subset$	ist *echte* Teilmenge von	$\{1;\ 2\} \subset \{1;\ 2;\ 3;\ 4\}$
$\backslash$	ohne	$\mathbb{N} \backslash \{0\} = \mathbb{N}^*$
$[a;\ b]$	geschlossenes Intervall (von einschließlich a bis einschließlich b)	$\{x\,|\,a \leq x \leq b\}$
$(a;\ b)$ auch: $]a;\ b[$	offenes Intervall (von ausschließlich a bis ausschließlich b)	$\{x\,|\,a < x < b\}$
$[a;\ b)$ auch: $[a;\ b[$	halboffenes Intervall (von einschließlich a bis ausschließlich b)	$\{x\,|\,a \leq x < b\}$

Zeichen, Symbol	Sprechweise/Bedeutung	Beispiel
$(a; b]$ auch: $]a; b]$	halboffenes Intervall (von ausschließlich a bis einschließlich b)	$\{x \mid a < x \leq b\}$
$f : f(x) = \ldots$ auch: f mit $f(x) = \ldots$	Eine Funktion f mit $f(x) = \ldots$ f ist Name der Funktion; $f(x) = \ldots$ ist die Funktionsgleichung	$f : f(x) = 2x + 1$ oder: f mit $f(x) = 2x + 1$
$D(f)$	Definitionsbereich, Definitionsmenge der Funktion f	$D(f) = \mathbb{R}$
$W(f)$	Wertebereich, Wertemenge der Funktion f	$W(f) = \mathbb{R}$
$D_{\max}(f)$	mathematisch maximal möglicher Definitionsbereich der Funktion f	$D_{\max}(f) = \mathbb{R}$
$W_{\max}(f)$	mathematisch maximal möglicher Wertebereich der Funktion f	$W_{\max}(f) = \mathbb{R}$
$D_{\text{ök}}(f)$	ökonomisch sinnvoller Definitionsbereich einer Funktion f	$D_{\text{ök}}(K) = [0; x_{\text{Kap}}]$
$W_{\text{ök}}(f)$	ökonomisch sinnvoller Wertebereich einer Funktion f	$W_{\text{ök}}(K) = [K(0); K(x_{\text{Kap}})]$
$\lim$	Grenzwert (Limes)	$\lim\limits_{x \to \infty} f(x) = a$ Grenzwert von $f(x)$ für x gegen unendlich ist gleich a
Δy	delta y; Differenz zweier y-Werte	$\Delta y = y_2 - y_1$
$f'(x)$	f Strich von x; erste Ableitung von $f(x)$	$f(x) = 2x^2 \Rightarrow f'(x) = 4x$
$f''(x)$	f zwei Strich von x; zweite Ableitung von $f(x)$	$f(x) = 2x^2 \Rightarrow f'(x) = 4x \Rightarrow f''(x) = 4$
$\mathrm{d}f$	Differenzial von f	beliebig kleines Teilstück von f
$\dfrac{\mathrm{d}f}{\mathrm{d}x}$	$\mathrm{d}f$ nach $\mathrm{d}x$ Der Differenzialquotient $\dfrac{\mathrm{d}f}{\mathrm{d}x}$ ist die Ableitung von f.	$\dfrac{\mathrm{d}f}{\mathrm{d}x} = f'(x)$
$\displaystyle\int f(x)\,\mathrm{d}x$	unbestimmtes Integral von $f(x)$	$\displaystyle\int f(x)\,\mathrm{d}x = F(x) + C$
$\displaystyle\int_b^a f(x)\,\mathrm{d}x$	(bestimmtes) Integral von $f(x)$ von a bis b	$\displaystyle\int_b^a f(x)\,\mathrm{d}x = \left[F(x)\right]_a^b = F(b) - F(a)$

2 Griechisches Alphabet

A α	Alpha	H η	Eta	N ν	Ny	T τ	Tau
B β	Beta	Θ ϑ	Theta	Ξ ξ	Xi	Υ υ	Ypsilon
Γ γ	Gamma	I ι	Jota	O o	Omikron	Φ φ	Phi
Δ δ	Delta	K κ	Kappa	Π π	Pi	X χ	Chi
E ε	Epsilon	Λ λ	Lambda	P ϱ	Rho	Ψ ψ	Psi
Z ζ	Zeta	M μ	My	Σ σ	Sigma	Ω ω	Omega

3 Taschenrechnersymbole

Taschenrechner-anzeige	Bedeutung	Beispiel
1,23456 E3	Multiplikation der Zahl 1,23456 mit 10^3; Verschiebung des Kommas um 3 Stellen nach rechts	$\begin{aligned} 1{,}23456 \cdot 10^3 &= 1{,}23456 \cdot 1\,000 \\ &= 1\,234{,}56 \end{aligned}$
1,23456 E–3	Division der Zahl 1,23456 durch 10^3; Verschiebung des Kommas um 3 Stellen nach links	$\begin{aligned} 1{,}23456 \cdot 10^{-3} &= 1{,}23456 : 1\,000 \\ &= 0{,}00123456 \end{aligned}$

4 Rechenarten, Rechengesetze

4.1 Grundrechenarten

Addition	$a + b = c$	a, b: **Summand** c: **Summe**
Subtraktion	$a - b = c$	a: **Minuend** b: **Subtrahend** c: **Differenz**
Multiplikation	$a \cdot b = c$	a, b: **Faktoren** c: **Produkt**
Division	$a : b = \dfrac{a}{b} = c$	a: **Dividend**, bei Brüchen **Zähler** b: **Divisor**, bei Brüchen **Nenner**; $b \neq 0$ c: **Quotient**

4.2 Höhere Rechenarten

Potenzieren	$a^b = c$	a: **Basis** b: **Exponent (Hochzahl)** c: **Potenz** (auch: **Potenzwert**)
Radizieren	$\sqrt[a]{b} = c$	a: **Wurzelexponent** b: **Radikand** c: **Wurzel** (auch: **Radix**)
Logarithmieren	$\log_b a = c$	a: **Numerus** ($a \in \mathbb{R}_+^*$) b: **Basis** ($b \in \mathbb{R}_+^* \setminus \{1\}$) c: **Logarithmus** ($c \in \mathbb{R}$)

4.3 Rangfolge bei Ausführung mehrerer Rechenarten

Berechnung von Termen	• höchste Priorität: Klammern ausrechnen • Die höheren Rechenarten (Potenzieren, Radizieren und Logarithmieren) haben Vorrang vor den Grundrechenarten (Addition, Subtraktion, Multiplikation und Division). • Punktrechnung (Multiplikation und Division, auch Brüche) vor Strichrechnung (Addition und Subtraktion).
Umformen von Gleichungen	Beim Lösen von Gleichungen wird in der umgekehrten Reihenfolge wie beim Berechnen von Termen vorgegangen: Erst Strichrechnung, dann Punktrechnung, dann die höheren Rechenarten (Potenzieren, Radizieren und Logarithmieren).

4.4 Vorzeichenregeln

Addition und Subtraktion	$a + (+b) = a + b$ $a + (-b) = a - b$	$a - (+b) = a - b$ $a - (-b) = a + b$
Multiplikation	$a \cdot (+b) = +ab = ab$ $a \cdot (-b) = -ab$	$(-a) \cdot b = -ab$ $(-a) \cdot (-b) = +ab = ab$
Division	$\dfrac{+a}{+b} = +\dfrac{a}{b} = \dfrac{a}{b}$ $\dfrac{a}{-b} = -\dfrac{a}{b}$	$\dfrac{-a}{b} = -\dfrac{a}{b}$ $\dfrac{-a}{-b} = +\dfrac{a}{b} = \dfrac{a}{b}$

4.5   Elementare Rechengesetze

Kommutativgesetz	$a + b = b + a$ $a \cdot b = b \cdot a$	**Vertauschungsgesetz**
Assoziativgesetz	$a + (b + c) = (a + b) + c$ $a \cdot (b \cdot c) = (a \cdot b) \cdot c$	**Verbindungsgesetz**
Distributivgesetz	$(a \pm b) \cdot c = a \cdot c \pm b \cdot c$ $(a \pm b) : c = a : c \pm b : c$ $\dfrac{a \pm b}{c} = \dfrac{a}{c} \pm \dfrac{b}{c}$	**Verteilungsgesetz** $(c \neq 0)$ $(c \neq 0)$
Faktorisieren	$a \cdot c \pm b \cdot c = c \cdot (a \pm b)$ $\dfrac{a}{c} \pm \dfrac{b}{c} = \dfrac{a \pm b}{c}$	 $(c \neq 0)$
Klammern auflösen	$a + (b + c) = a + b + c$ $a + (b - c) = a + b - c$ $a - (b + c) = a - b - c$ $a - (b - c) = a - b + c$ $-(a + b) = -a - b$ $a \cdot (b \pm c) = a \cdot b \pm a \cdot c$ $(a + b) \cdot (c + d) = ac + ad + bc + bd$ $(a + b) \cdot (c - d) = ac - ad + bc - bd$ $(a - b) \cdot (c + d) = ac + ad - bc - bd$ $(a - b) \cdot (c - d) = ac - ad - bc + bd$	
Operationen mit 0	$a \pm 0 = 0 \pm a = a$	
	$a \cdot 0 = 0 \cdot a = 0$	
	$\dfrac{0}{a} = 0$	$(a \neq 0)$
	$\dfrac{a}{0} = 0 = \text{n. d.}$	Die Division durch 0 ist nicht definiert.
	$a^0 = 1$	
Binomische Formeln	$(a + b)^2 = a^2 + 2\,ab + b^2$ $(a - b)^2 = a^2 - 2\,ab + b^2$ $(a + b) \cdot (a - b) = a^2 - b^2$	1. Binomische Formel 2. Binomische Formel 3. Binomische Formel

4.6   Rechnen mit Brüchen

Erweitern und Kürzen von Brüchen	• **Erweitern:** $$\frac{a}{b} = \frac{a \cdot n}{b \cdot n} \text{ mit } b, n \neq 0$$ • **Kürzen:** $$\frac{a \cdot n}{b \cdot n} = \frac{\dfrac{a \cdot \cancel{n}}{\cancel{n}}}{\dfrac{b \cdot \cancel{n}}{\cancel{n}}} = \frac{a}{b} \text{ mit } b, n \neq 0$$	Beim Erweitern eines Bruchs werden Zähler und Nenner des Bruchs mit der gleichen Zahl (hier n) multipliziert. Beim Kürzen eines Bruchs werden Zähler und Nenner des Bruchs durch die gleiche Zahl (hier n) dividiert.
Addition und Subtraktion von Brüchen	• **gleichnamige Brüche:** $$\frac{a}{c} \pm \frac{b}{c} = \frac{a \pm b}{c} \text{ mit } c \neq 0$$ • **ungleichnamige Brüche:** $$\frac{a}{b} \pm \frac{c}{d} = \frac{ad}{bd} \pm \frac{bc}{bd} = \frac{ad \pm bc}{bd}$$ mit $b, d \neq 0$	Brüche mit dem gleichen Nenner werden addiert (subtrahiert), indem die Zähler addiert (subtrahiert) werden und der Nenner beibehalten wird. Brüche mit unterschiedlichen Nennern werden zunächst durch Erweitern gleichnamig gemacht. Dann werden sie wie gleichnamige Brüche addiert (subtrahiert).
Multiplikation von Brüchen	• **Multiplikation eines Bruchs mit einem Bruch:** $$\frac{a}{b} \cdot \frac{c}{d} = \frac{a \cdot c}{b \cdot d} = \frac{ac}{bd}$$ mit $b, d \neq 0$ • **Multiplikation eines Bruchs mit einer ganzen Zahl:** $$\frac{a}{b} \cdot c = \frac{a}{b} \cdot \frac{c}{1} = \frac{ac}{b}$$ mit $b \neq 0$	Zähler mal Zähler, Nenner mal Nenner. Die ganze Zahl c kann in den Bruch $\frac{c}{1}$ umgeformt werden. Dann wird wie bei der Multiplikation von Brüchen verfahren.
Division von Brüchen	• **Division eines Bruches durch einen Bruch:** $$\frac{\dfrac{a}{b}}{\dfrac{c}{d}} = \frac{a}{b} : \frac{c}{d} = \frac{a}{b} \cdot \frac{d}{c} = \frac{ad}{bc}$$ mit $b, c, d \neq 0$ • **Division eines Bruches durch eine ganze Zahl:** $$\frac{\dfrac{a}{b}}{c} = \frac{a}{b} : \frac{c}{1} = \frac{a \cdot 1}{b \cdot c} = \frac{a}{bc}$$ mit $b, c \neq 0$	Ein Bruch wird durch einen Bruch dividiert, indem der erste Bruch mit dem Kehrwert des zweiten Bruches multipliziert wird. Die ganze Zahl c kann in einen Bruch $\frac{c}{1}$ umgeformt werden. Dann wird wie bei der Division von Brüchen verfahren.

4.7 Potenzieren

Definition und Bezeichnungen	**Exponent (Hochzahl)** $\downarrow$ $\underbrace{a \cdot a \cdot a \cdot \ldots \cdot a}_{n \text{ Faktoren}} = a^{\overset{\uparrow}{n}}$ — Basis	$n \in \mathbb{N}^*$
Rechengesetze	• **Multiplikation und Division von Potenzen mit gleicher Basis:** $a^m \cdot a^n = a^{m+n}$ $\dfrac{a^m}{a^n} = a^{m-n}$ **Multiplikation und Division von Potenzen mit gleichen Exponenten:** $a^n \cdot b^n = (a \cdot b)^n$ $\dfrac{a^n}{b^n} = \left(\dfrac{a}{b}\right)^n$ • **Potenzen potenzieren:** $(a^m)^n = a^{m \cdot n}$	$(a \neq 0, \text{ wenn } m, n < 0)$ $(a \neq 0, \text{ wenn } m < 0 \text{ oder } n > 0)$ $(a, b \neq 0, \text{ wenn } n < 0)$ $(a \neq 0, \text{ wenn } n < 0; b \neq 0)$
Folgerungen	$a^1 = a$ $a^0 = 1$ $a^{-n} = \dfrac{1}{a^n}$ $a^{-1} = \dfrac{1}{a^1} = \dfrac{1}{a}$ $\left(\dfrac{a}{b}\right)^{-n} = \left(\dfrac{b}{a}\right)^n$	$(a \neq 0)$ $(a \neq 0)$ $(a, b \neq 0)$

4.8 Radizieren

Definition und Bezeichnungen	$b^n = a \Leftrightarrow b = \sqrt[n]{a}$	b: **Wurzel** (auch: **Radix**) n: **Wurzelexponent** a: **Radikand**

Rechengesetze	• **Multiplikation von Wurzeln** $\sqrt[n]{a} \cdot \sqrt[n]{b} = \sqrt[n]{a \cdot b}$	$(n \in \mathbb{N}^* \setminus \{1\}; a, b \geq 0)$
	• **Division von Wurzeln** $\dfrac{\sqrt[n]{a}}{\sqrt[n]{b}} = \sqrt[n]{\dfrac{a}{b}}$	$(n \in \mathbb{N}^* \setminus \{1\}; a \geq 0; b > 0)$
	• **Potenzieren von Wurzeln** $\left(\sqrt[n]{a}\right)^m = \sqrt[n]{a^m}$	$(n \in \mathbb{N}^*a \setminus \{1\}; m \in \mathbb{Z}; a \geq 0)$
	• **Radizieren von Wurzeln** $\sqrt[n]{\sqrt[m]{a}} = \sqrt[m]{\sqrt[n]{a}} = \sqrt[nm]{a}$	$(n, m \in \mathbb{N}^* \setminus \{1\}; a, b \geq 0)$
Teilweises (partielles) Radizieren	$\sqrt[n]{a^n \cdot b} = \sqrt[n]{a^n} \cdot \sqrt[n]{b} = a \cdot \sqrt[n]{b}$	$(n \in \mathbb{N}^* \setminus \{1\}; a, b \geq 0)$
Rationalmachen des Nenners	$\dfrac{a}{\sqrt{b}} = \dfrac{a \cdot \sqrt{b}}{\sqrt{b} \cdot \sqrt{b}} = \dfrac{a \cdot \sqrt{b}}{b}$	$(b > 0)$
Umformung von Wurzeln in Potenzen	$\sqrt[n]{a^m} = a^{\frac{n}{m}}$ $\sqrt{a} = \sqrt[2]{a^1} = a^{\frac{1}{2}}$ $\sqrt[n]{a} = \sqrt[n]{a^1} = a^{\frac{1}{n}}$ $\sqrt{a} \cdot \sqrt{a} = (\sqrt{a})^2 = \left(a^{\frac{1}{2}}\right)^2 = a^{\frac{1}{2} \cdot 2} = a^1 = a$ $\sqrt[3]{a^3} = a^{\frac{3}{3}} = a^1 = a$ $\left(\sqrt[3]{a}\right)^3 = \left(a^{\frac{1}{3}}\right)^3 = a^{\frac{3}{3}} = a^1 = a$	Jede Wurzel kann als Potenz mit gebrochenem Exponenten geschrieben werden. $(m, n \in \mathbb{N}^* \setminus \{1\}; m > 0; a \geq 0)$

4.9 Logarithmieren

Definition und Bezeichnungen	Logarithmuszahl = Exponent = Hochzahl
	Logarithmieren heißt, den Exponenten (die Hochzahl) berechnen.

Die Zahl x heißt Logarithmus von y zur Basis b.

Logarithmieren mit dem Taschenrechner	• **Zehnerlogarithmus** $x = \log_{10} y = \lg y$	Der Logarithmus zur Basis 10 heißt **Zehnerlogarithmus**. Er wird mit lg abgekürzt und kann mit der Taschenrechnertaste $\boxed{\log}$ berechnet werden ($y > 0$).
	• **Natürlicher Logarithmus** $x = \log_e y = \ln y$	Der Logarithmus mit der eulerschen Zahl e als Basis heißt **natürlicher Logarithmus**. Er wird mit ln abgekürzt und kann mit der Taschenrechnertaste $\boxed{\ln}$ berechnet werden ($y > 0$).
	• **Logarithmen mit beliebiger Basis** $x = \log_b y = \dfrac{\ln y}{\ln b}$ $x = \log_b y = \dfrac{\lg y}{\lg b}$	Der Logarithmus zu einer beliebigen Basis $b \in \mathbb{R}_+^* \setminus \{1\}$ kann mit dem Taschenrechner mithilfe des natürlichen oder des Zehnerlogarithmus berechnet werden.
Rechengesetze (Logarithmengesetze)	$\log \dfrac{u}{v} = \log u - \log v$ $\log a^u = u \cdot \log a$ $\log \sqrt[v]{a^u} = \log a^{\frac{u}{v}} = \dfrac{u}{v} \log a$ $a^x = e^{x \ln a}$	$(a, u, v > 0)$
Folgerungen	$\log_b b = 1$ $\log_b 1 = 0$ $\log_b \sqrt[n]{a} = \dfrac{1}{n} \log_b a$ $\log_b \sqrt[n]{a^m} = \dfrac{m}{n} \log_b a$	$(b > 0)$ $(n \neq 0)$ $(a, b > 0; n \neq 0)$
Natürlicher Logarithmus	$\log_e y = \ln y$ $e^x = y \Leftrightarrow x = \ln y$ $e^{\ln x} = x$	$(y > 0)$
Eulersche Zahl	Die **eulersche Zahl e** ist das Ergebnis der Grenzwertbetrachtung: $\lim\limits_{x \to \infty} \left(1 + \dfrac{1}{x}\right)^x = e \approx 2{,}71828$	$(x \neq 0)$

5 Funktionen

5.1 Funktionsgraph im Koordinatensystem

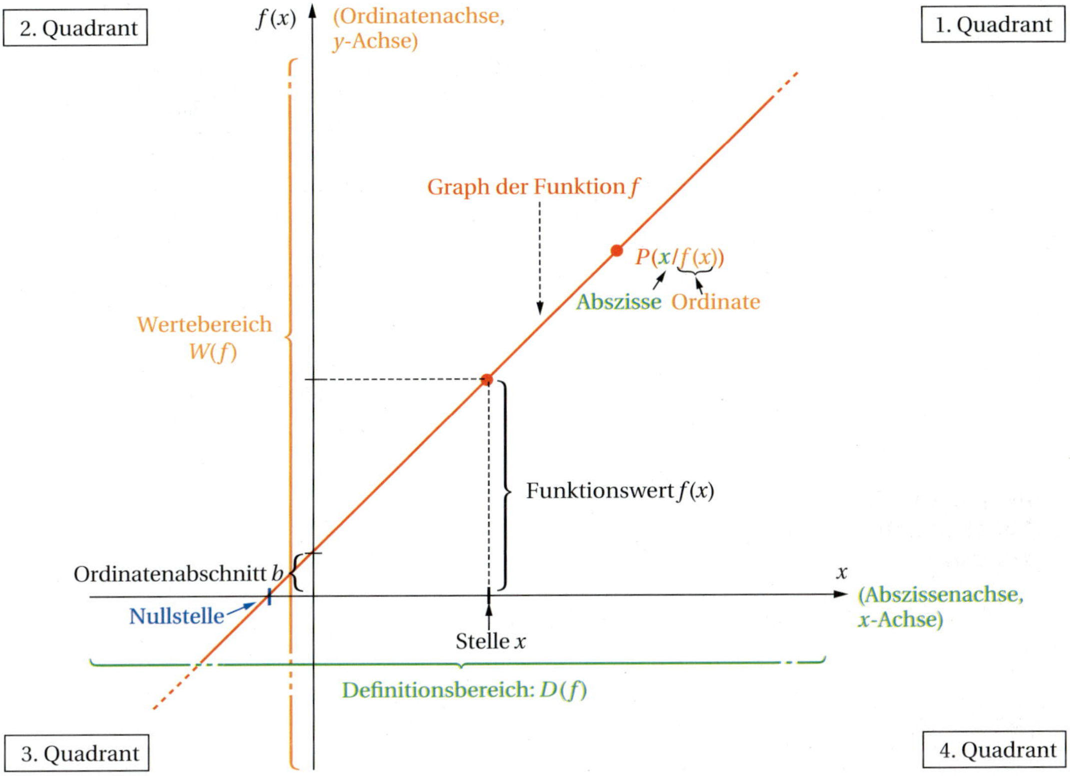

2. Quadrant

$f(x)$ (Ordinatenachse, y-Achse)

1. Quadrant

Graph der Funktion f

$P(x/f(x))$

Abszisse Ordinate

Wertebereich $W(f)$

Funktionswert $f(x)$

Ordinatenabschnitt b

Nullstelle

x (Abszissenachse, x-Achse)

Stelle x

Definitionsbereich: $D(f)$

3. Quadrant

4. Quadrant

5.2 Lineare Funktionen

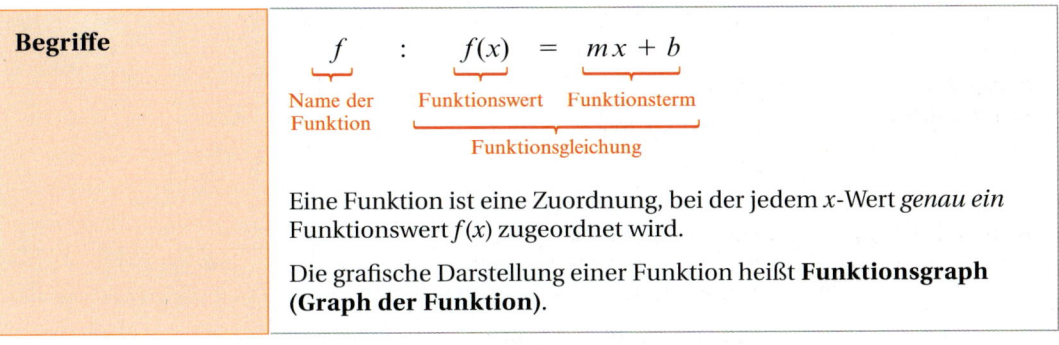

| Begriffe | f : $f(x)$ = $mx + b$ |

Begriffe

f : $f(x)$ = $mx + b$

Name der Funktion   Funktionswert   Funktionsterm

Funktionsgleichung

Eine Funktion ist eine Zuordnung, bei der jedem x-Wert *genau ein* Funktionswert $f(x)$ zugeordnet wird.

Die grafische Darstellung einer Funktion heißt **Funktionsgraph (Graph der Funktion)**.

Gleichung einer linearen Funktion	$f(x) = \underbrace{mx}_{\substack{\text{Linear-}\\\text{glied}}} + \underbrace{b}_{\substack{\text{Absolut-}\\\text{glied}}}$	m: Steigung der Geraden b: Absolutglied, Ordinatenabschnitt des Graphen
Steigung des Graphen einer linearen Funktion (Steigung einer Geraden)	$m = \dfrac{\text{Höhenunterschied}}{\text{Horizontalunterschied}}$ zwischen zwei Punkten $P_1\left(x_1/f(x_1)\right)$ und $\left(P_2\,x_2/f(x_2)\right)$: $m = \dfrac{f(x_2) - f(x_1)}{x_2 - x_1} = \dfrac{\Delta y}{\Delta x}$ oder: $m = \dfrac{f(x_1) - f(x_2)}{x_1 - x_2} = \dfrac{\Delta y}{\Delta x}$	
Parallele zur x-Achse (Abszissenachse)	$f(x) = b$	
Parallele zur y-Achse (Ordinatenachse)	$x = a$ Hinweis: Die Parallele zur y-Achse ist keine Funktion, sondern eine **Relation**, weil es zu einem x-Wert mehrere Funktionswerte gibt.	

Senkrecht (orthogonal) zueinander stehende Geraden	$m_1 \cdot m_2 = -1 \Leftrightarrow m_1 = -\dfrac{1}{m_2}$	Zwei Geraden mit $f_1(x) = m_1 x + b_1$ und $f_2(x) = m_2 x + b_2$ schneiden sich rechtwinklig, wenn das Produkt ihrer Steigungen –1 beträgt.
Ordinatenabschnitt einer linearen Funktion	$f(x) = mx + b$ $f(0) = m \cdot 0 + b$ $f(0) = b$	Der Ordinatenabschnitt eines Funktionsgraphen ist der Funktionswert an der Stelle $x = 0$.
Nullstelle einer linearen Funktion	$f(x) = mx + b$ $f(x) = 0$ $mx + b = 0$ $x = -\dfrac{b}{m}$	Zur Berechnung der Nullstelle wird der Funktionsterm gleich 0 gesetzt.
Lösungsverfahren für lineare Gleichungssysteme mit 2 Variablen	**Lineares Gleichungssystem:** $y = m_1 x + b_1$ $\wedge \; y = m_2 x + b_2$	Durch die Lösung des linearen Gleichungssystems mit zwei Gleichungen und den zwei Variablen x und y werden in der grafischen Darstellung die Koordinaten des Schnittpunktes $S(x/y)$ der beiden Geraden miteinander berechnet.
	• **Gleichsetzungsverfahren:** $y = y$ $m_1 x + b_1 = m_2 x + b_2$	Wenn beide Gleichungen nach der gleichen Variablen aufgelöst sind, können die Funktionsterme gleichgesetzt werden.
	• **Einsetzungsverfahren:** $y = m_1 x + b_1$ $y = m_2 x + b \Leftrightarrow x = \dfrac{y - b_2}{m_2}$ $y = m_1 \cdot \dfrac{y - b_2}{m_2} + b_1$	Eine Gleichung wird nach einer Variablen aufgelöst und der ermittelte Term dann in die andere Gleichung eingesetzt.
	• **Additionsverfahren:** $y = m_1 x + b_1$ $\left. y = m_2 x + b_2 \right| -$ $0 = m_1 x - m_2 x + b_1 - b_2$	Die Gleichungen werden so addiert oder subtrahiert, dass eine Variable eliminiert wird.

5.3 Quadratische Funktionen

Gleichung einer quadratischen Funktion	• **Polynomform** (allgemeine Form): $$f(x) = \underbrace{a\,x^2}_{\substack{\text{Quadrat-}\\\text{glied}}} + \underbrace{b\,x}_{\substack{\text{Linear-}\\\text{glied}}} + \underbrace{c}_{\substack{\text{Absolut-}\\\text{glied}}}$$	$a \in \mathbb{R}^*$ ist der Dehnungs- (Streckungs-), Stauchungs-, Spiegelungsfaktor (**Formfaktor**). $\lvert a \rvert > 1$: Dehnung (Streckung) in y-Richtung (Ordinatenrichtung) $\lvert a \rvert < 1$: Stauchung in y-Richtung (Ordinatenrichtung) $a < 0$: Spiegelung an der x-Achse (Öffnung der Parabel nach unten) c: Absolutglied, Ordinatenabschnitt des Graphen
	• **Scheitelpunktform:** $f(x) = a\,(x-u)^2 + v$	Scheitelpunkt $S\,(u/v)$ $a \neq 0$
	• **Linearfaktorform:** $f(x) = a\,(x-x_{01})\,(x-x_{02})$	Nullstellen x_{01} und x_{02}, $a \neq 0$
Lösung einer quadratischen Gleichung (Nullstellen einer Parabel)	**Normalform** $f(x) = x^2 + px + q$ $x_{1/2} = -\dfrac{p}{2} \pm \sqrt{\left(\dfrac{p}{2}\right)^2 - q}$	Die **p-q-Formel** gilt nur für die **Normalform einer quadratischen Gleichung**.
	Allgemeine Form $f(x) = ax^2 + bx + c$ $x_{1/2} = \dfrac{-b \pm \sqrt{b^2 - 4\,ac}}{2\,a}$	Die **a-b-c-Formel (Mitternachtsformel)** gilt für die **allgemeine Form einer quadratischen Gleichung**.
Anzahl der Lösungen einer quadratischen Gleichung (Anzahl der Nullstellen einer Parabel)	Der Term unter der Wurzel in der p-q-Formel oder a-b-c-Formel heißt **Diskriminante** D.	
	Für die p-q-Formel: $D = \left(\dfrac{p}{2}\right)^2 - q$	Für die a-b-c-Formel: $D = b^2 - 4\,ac$
	• **D > 0:** zwei Lösungen (zwei einfache Nullstellen) Bei einer **einfachen Nullstelle** schneidet der Graph die x-Achse. • **D = 0:** eine Lösung (eine doppelte Nullstelle) Bei einer **doppelten Nullstelle** berührt der Graph die x-Achse. • **D < 0:** keine Lösung Der Graph hat **keine Nullstelle**.	$f(x)$ **D < 0:** Keine Nullstelle **D > 0:** Zwei (einfache) Nullstellen x **D = 0:** Eine (doppelte) Nullstelle

5.4 Potenzfunktionen

Gleichung einer einfachen Potenzfunktion	$f(x) = x^n;\ n \in \mathbb{Z} \setminus \{0\}$			• **Für positive n:** Potenzfunktion n-ten Grades • **Für negative n:** Hyperbel	
Globalverhalten und Symmetrie der Graphen einfacher Potenzfunktionen		n gerade	n ungerade		
	$n > 0$			$D(f) = \mathbb{R}$	
	$n < 0$			$D(f) = \mathbb{R}^*$	
		Achsensymmetrie zur y-Achse: $f(x) = f(-x)$	**Punktsymmetrie zum Ursprung:** $f(x) = -f(-x)$		

Eigenschaften der Potenz-funktionen mit negativem Exponenten n (Hyperbeln)	$f(x) = x^{-n} = \dfrac{1}{x^n}$ mit $D(f) = \mathbb{R} \setminus \{0\}$; $n > 0$	Eine Potenzfunktion mit negativem Exponenten kann nach dem Potenzgesetz $a^{-n} = \dfrac{1}{a^n}$ zu einer einfachen gebrochen-rationalen Funktion umgeformt werden. Der Graph von $f(x) = \dfrac{1}{x^n}$ heißt **Hyperbel**.
	• **Polstelle** bei $x = 0$ • Die vertikale Gerade, an die sich die Funktionswerte für $x \to 0$ annähern, heißt **Pol-gerade**. • **Gleichung der Polgeraden:** $x = 0$ • Die horizontale Gerade, an die sich die Funktionswerte für $x \to \pm\infty$ annähern, heißt **Asymptote**. • **Gleichung der Asymptote:** $f^*(x) = 0$	
Parameter-variationen bei Potenz-funktionen	$f(x) = a\,(b\,(x - c))^n + d$	$a, b \neq 0$
	• Der **Formfaktor a** bewirkt eine **Dehnung/Stauchung** des Graphen **in y-Richtung mit dem Faktor a** und ggf. eine **Spiegelung an der x-Achse.**	• $|a| > 1$: Dehnung in y-Richtung • $|a| < 1$: Stauchung in y-Richtung • $a < 0$: Spiegelung an der x-Achse

• **b** bewirkt eine **Dehnung/Stauchung** des Graphen **in x-Richtung mit dem Faktor $\frac{1}{b}$** und ggf. eine **Spiegelung an der y-Achse.**	• $\lvert b \rvert > 1$: Stauchung in x-Richtung • $\lvert b \rvert < 1$: Dehnung in x-Richtung • $b < 0$: Spiegelung an der y-Achse, aber nur für ungerade n
oder: • **b** bewirkt eine **Dehnung/Stauchung** des Graphen **in y-Richtung mit dem Faktor b^n** und ggf. eine **Spiegelung an der x-Achse.**	• $\lvert b \rvert > 1$: Dehnung in y-Richtung • $\lvert b \rvert < 1$: Stauchung in y-Richtung • $b < 0$: Spiegelung an der x-Achse, aber nur für ungerade n
• **c verschiebt den Graphen in x-Richtung.**	• $c > 0$: Verschiebung nach rechts • $c < 0$: Verschiebung nach links
• **d verschiebt den Graphen in y-Richtung.**	• $d > 0$: Verschiebung nach oben • $d < 0$: Verschiebung nach unten

Wurzel-funktionen als Potenz-funktionen	$f(x) = x^{\frac{1}{u}} = f(x) = \sqrt[u]{x}$	Eine Potenzfunktionen mit einem Bruch als Exponent kann nach dem Potenzgesetz: $$a^{\frac{u}{v}} = \sqrt[v]{a^u}$$ zu einer Wurzelfunktion umgeformt werden.
	$f(x) = \sqrt[u]{x}$ für **gerade Wurzel-exponenten u** $D(f) = \mathbb{R}_+$ $W(f) = \mathbb{R}_+$	
	$f(x) = \sqrt[u]{x}$ für **ungerade Wurzel-exponenten u** $D(f) = \mathbb{R}$ $W(f) = \mathbb{R}$	

5.5 Exponentialfunktionen

Explizite Darstellung	$f(x) = b^x$ $a \cdot b^x$	Die **Basis** $b \in \mathbb{R}_+^* \setminus \{1\}$ gibt die Vervielfachung der Funktionswerte für eine Erhöhung des x-Wertes um jeweils eine Einheit an (**Wachstumsfaktor, Vervielfachungsfaktor**). Bei Veränderung der Funktionswerte um einen Prozentsatz p ist $b = 1 \pm p$.
Rekursive Darstellung	$f(x + 1) = f(x) \cdot b$ $\Leftrightarrow b = \dfrac{f(x + 1)}{f(x)}$	

Exponentielles Wachstum	• **Exponentielle Zunahme:** $f(x) = b^x$ mit $b > 1$ $a \cdot e^{x \cdot \ln(b)}$ $f' = a \cdot e^{x \cdot \ln(b)} \cdot \ln(b)$ $f^*(x) = 0$ für $x \to -\infty$
	• **Exponentielle Abnahme** (exponentieller Zerfall): $f(x) = b^x$ mit $0 < b < 1$ $f^*(x) = 0$ für $x \to +\infty$
	Die Graphen von $f(x) = b^x$ und $f(x) = b^{-x} = \left(\dfrac{1}{b}\right)^x$ verlaufen zueinander achsensymmetrisch zur y-Achse.

e-Funktion	$f(x) = e^x$	Eine Exponentialfunktion mit der eulerschen Zahl e als Basis heißt e-Funktion.
Eulersche Zahl e	$\lim\limits_{x \to \infty} \left(1 + \dfrac{1}{x}\right)^x = e \approx 2{,}71828$	
Umwandlung einer Exponentialfunktion in eine e-Funktion	$f(x) = b^x \Leftrightarrow f(x) = e^{\ln(b) \cdot x} = e^{x \cdot \ln b}$	

Parameter-variationen	$\boldsymbol{f(x) = a \cdot (\text{Basis})^{b(x-c)} + d}$	$a, b \neq 0$
	• **a: Dehnung/Stauchung** des Graphen **in y-Richtung mit dem Faktor a (Formfaktor)** und ggf. **Spiegelung an der x-Achse**	• $\lvert a \rvert > 1$: Dehnung in y-Richtung • $\lvert a \rvert < 1$: Stauchung in y-Richtung • $a < 0$: Spiegelung an der x-Achse
	• **b: Dehnung/Stauchung** des Graphen **in x-Richtung mit dem Faktor** $\dfrac{1}{b}$ und ggf. **Spiegelung an der y-Achse**	• $\lvert b \rvert > 1$: Stauchung in x-Richtung • $\lvert b \rvert < 1$: Dehnung in x-Richtung • $b < 0$: Spiegelung an der y-Achse
	• **c: Verschiebung** des Graphen in **x-Richtung um c**	• $c > 0$: Verschiebung nach rechts • $c < 0$: Verschiebung nach links
	• **d: Verschiebung in $f(x)$-Richtung um d**	• $d > 0$: Verschiebung nach oben • $d < 0$: Verschiebung nach unten

5.6 Sinusfunktionen

Definition des Sinus	$\sin \alpha = \dfrac{\text{Gegenkathete}}{\text{Hypotenuse}}$	
Gleichung der Sinusfunktion	$f(x) = \sin x$	$D(f) = \mathbb{R}$ $W(f) = [-1;\, 1]$

Graph der Sinusfunktion	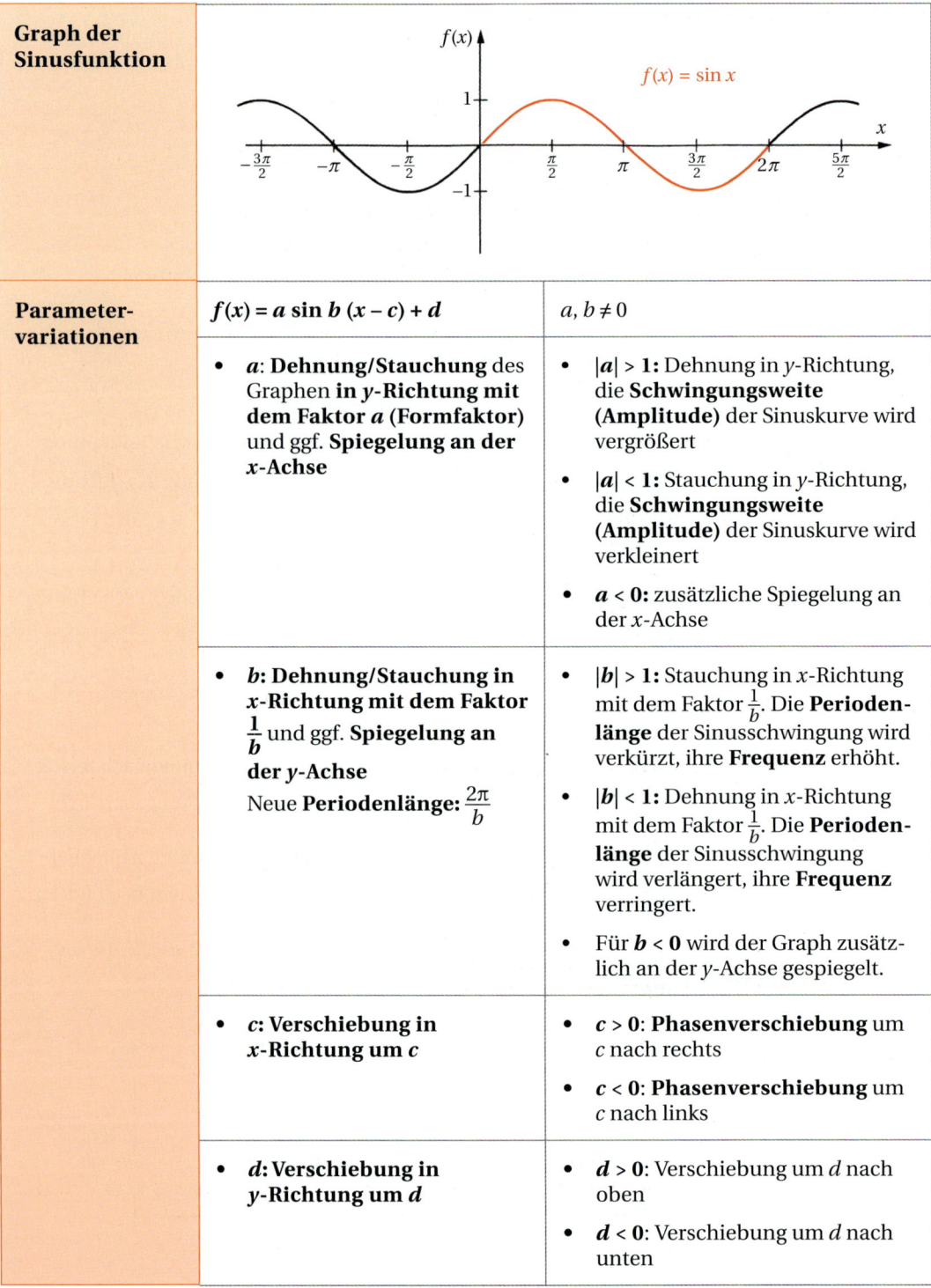
Parameter-variationen	$f(x) = a \sin b (x - c) + d$ $a, b \neq 0$

• **a: Dehnung/Stauchung** des Graphen **in y-Richtung mit dem Faktor a (Formfaktor)** und ggf. **Spiegelung an der x-Achse**	• **$\lvert a \rvert > 1$:** Dehnung in y-Richtung, die **Schwingungsweite (Amplitude)** der Sinuskurve wird vergrößert
	• **$\lvert a \rvert < 1$:** Stauchung in y-Richtung, die **Schwingungsweite (Amplitude)** der Sinuskurve wird verkleinert
	• **$a < 0$:** zusätzliche Spiegelung an der x-Achse
• **b: Dehnung/Stauchung in x-Richtung mit dem Faktor $\frac{1}{b}$** und ggf. **Spiegelung an der y-Achse** Neue **Periodenlänge:** $\frac{2\pi}{b}$	• **$\lvert b \rvert > 1$:** Stauchung in x-Richtung mit dem Faktor $\frac{1}{b}$. Die **Perioden-länge** der Sinusschwingung wird verkürzt, ihre **Frequenz** erhöht.
	• **$\lvert b \rvert < 1$:** Dehnung in x-Richtung mit dem Faktor $\frac{1}{b}$. Die **Perioden-länge** der Sinusschwingung wird verlängert, ihre **Frequenz** verringert.
	• Für **$b < 0$** wird der Graph zusätzlich an der y-Achse gespiegelt.
• **c: Verschiebung in x-Richtung um c**	• **$c > 0$: Phasenverschiebung** um c nach rechts
	• **$c < 0$: Phasenverschiebung** um c nach links
• **d: Verschiebung in y-Richtung um d**	• **$d > 0$:** Verschiebung um d nach oben
	• **$d < 0$:** Verschiebung um d nach unten

5.7 Ganzrationale Funktionen

Polynomform	$f(x) = a_n x^n + a_{n-1} x^{n-1} + \ldots + a_2 x^2 + a_1 x + a_0$ mit $a_0, \ldots, a_{n-1} \in \mathbb{R}$; $a_n \in \mathbb{R}^*$ Eine ganzrationale Funktion entsteht durch Addition mehrerer Potenzfunktionen. Der größte Exponent n heißt **Grad der Funktion**. Die Zahlen $a_1, a_2, \ldots, a_n$ heißen **Koeffizienten** (Beizahlen). Das **Absolutglied** a_0 gibt an, wo der Graph die y-Achse schneidet.
Globalverhalten	Für $x \to \pm\infty$ verläuft der Graph einer ganzrationalen Funktion wie der Graph des Glieds mit dem größten Exponenten.
Symmetrieverhalten zum Koordinatensystem	**Achsensymmetrie zur y-Achse:** • $f(x) = f(-x)$ • **nur gerade Exponenten** im Funktionsterm • Eine Funktion mit nur geraden Exponenten heißt **gerade Funktion**.
	Punktsymmetrie zum Koordinatenursprung: • $f(x) = -f(-x)$ • **nur ungerade Exponenten** im Funktionsterm • Eine Funktion mit nur ungeraden Exponenten heißt **ungerade Funktion**.
	Wenn der Funktionsterm einer ganzrationalen Funktion gerade *und* ungerade Exponenten enthält, liegt weder Achsensymmetrie zur y-Achse noch Punktsymmetrie zum Ursprung vor.

Linearfaktor-darstellung	$f(x) = a\,(x - x_{01}) \cdot (x - x_{02}) \cdot \ldots \cdot (x - x_{0n})$
	$x_{01}, x_{02}, \ldots, x_{0n}$ sind die **Nullstellen**.
	Zu jeder Nullstelle $x_{01}, x_{02}, \ldots, x_{0n}$ gehört ein Linearfaktor. a ist der Dehnungs-/Stauchungs-/Spiegelungsfaktor.

| Nullstellen | Eine ganzrationale Funktion n-ten Grades hat **höchstens** n **Nullstellen**. Bei einer **einfachen Nullstelle, dreifachen Nullstelle, fünffachen Nullstelle** … schneidet der Graph die Abszissenachse. Bei einer **doppelten Nullstelle, vierfachen Nullstelle, sechsfachen Nullstelle** … berührt der Graph die Abszissenachse. | 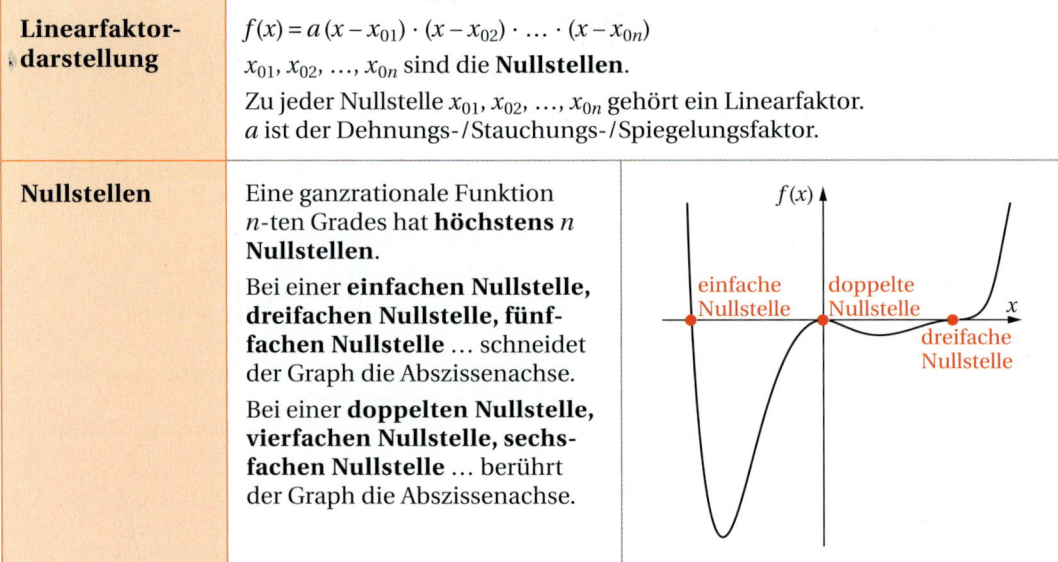 |

5.8   Gebrochen-rationale Funktionen

Definition und Bezeichnung	$f(x) = \dfrac{Z(x)}{N(x)}$	Dabei sind der Zähler $Z(x)$ und der Nenner $N(x)$ Terme ganzrationaler Funktionen. Der Nenner muss die Variable x enthalten, also mindestens 1. Grades sein.
Echt/unecht gebrochen-rationale Funktionen	• **echt gebrochen-rationale Funktion:** Grad des Zählers < Grad des Nenners • **unecht gebrochen-rationale Funktion:** Grad des Zählers ≥ Grad des Nenners	

Hyperbeln	• $f(x) = \dfrac{1}{x^n}$ mit n ungerade	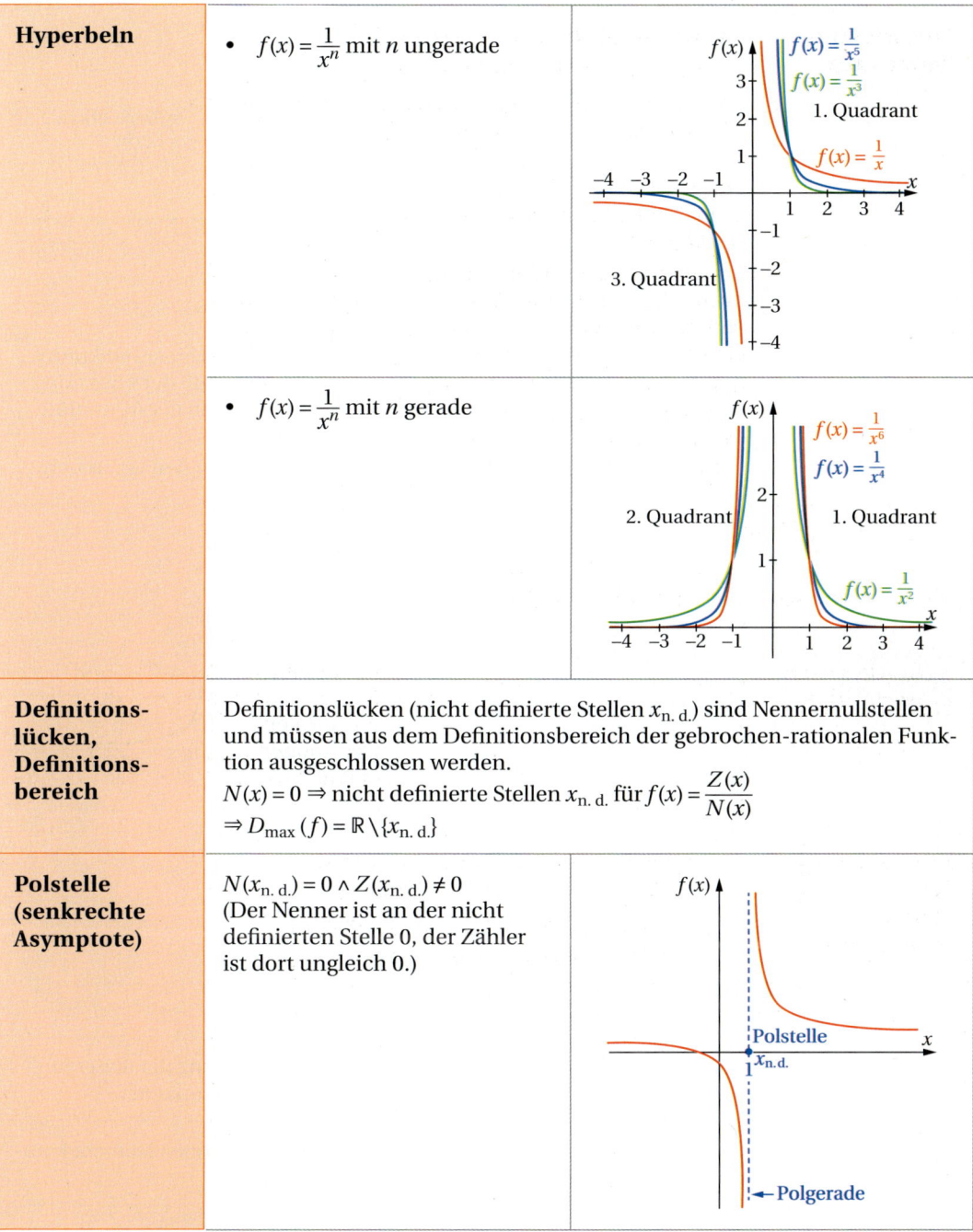
	• $f(x) = \dfrac{1}{x^n}$ mit n gerade	
Definitionslücken, Definitionsbereich	Definitionslücken (nicht definierte Stellen $x_{n.\,d.}$) sind Nennernullstellen und müssen aus dem Definitionsbereich der gebrochen-rationalen Funktion ausgeschlossen werden. $N(x) = 0 \Rightarrow$ nicht definierte Stellen $x_{n.\,d.}$ für $f(x) = \dfrac{Z(x)}{N(x)}$ $\Rightarrow D_{\max}(f) = \mathbb{R} \setminus \{x_{n.\,d.}\}$	
Polstelle (senkrechte Asymptote)	$N(x_{n.\,d.}) = 0 \wedge Z(x_{n.\,d.}) \neq 0$ (Der Nenner ist an der nicht definierten Stelle 0, der Zähler ist dort ungleich 0.)	

Bmax R

Dok [0; Kap]
Wmax R
Wök [K(0) ; K(Kap)]

hebbare Lücke (behebbare Lücke, schließbare Lücke)	$N(x_{n.\,d.}) = 0 \wedge Z(x_{n.\,d.}) = 0$ (Zähler und Nenner sind an der nicht definierten Stelle 0.)	

| Asymptote | Eine Funktion f^* mit $f^*(x)$, der sich die Funktionswerte einer Funktion f für $x \to \pm\infty$ beliebig nähern, heißt Asymptote. Der Graph der Funktion f schmiegt sich für $x \to \pm\infty$ (für große $\lvert x\rvert$) an den Graphen der Asymptote (**Näherungskurve**) an. Die Gleichung einer Asymptote kann grundsätzlich mit den Grenzwertbetrachtungen $$\lim_{x \to -\infty} f(x) \text{ oder } \lim_{x \to \infty} f(x) \text{ bestimmt werden.}$$ |

| Asymptote bei echt gebrochenrationalen Funktionen | • Grad des Zählers < Grad des Nenners $\Rightarrow$ Asymptotengleichung: $f^*(x) = 0$, die Asymptote liegt auf der x-Achse. | |

5.9 Verkettete Funktionen

Verkettete Funktionen	$f = \ddot{a} \circ i$	Die Funktion f ist die Verkettung der äußeren Funktion $\ddot{a}$ mit der inneren Funktion i.
	$\ddot{a} \circ i \neq i \circ \ddot{a}$	Die Verkettung zweier Funktionen ist nicht kommutativ (vertauschbar).
Gleichung einer verketteten Funktion	Allgemein: $f(x) = \ddot{a}\,[i\,(x)]$ Sonderfall: lineare Verkettung: $f(x) = \ddot{a}\,[mx + b]$	Wenn $\ddot{a}(x)$ der Term der äußeren Funktion und $i(x)$ der Term der inneren Funktion ist, dann erhält man den Funktionsterm der verketteten Funktion f, indem der Funktionsterm der inneren Funktion $i(x)$ für die Variable x der äußeren Funktion $\ddot{a}(x)$ eingesetzt wird.

6 Differenzialrechnung

6.1 Grundbegriffe

Differenzen-quotient	$P_1\big(x_1/f(x_1)\big); P_2\big(x_2/f(x_2)\big)$ Sekantensteigung: $m_s = \dfrac{\Delta y}{\Delta x}$ $m_s = \dfrac{f(x_2) - f(x_1)}{x_2 - x_1}$	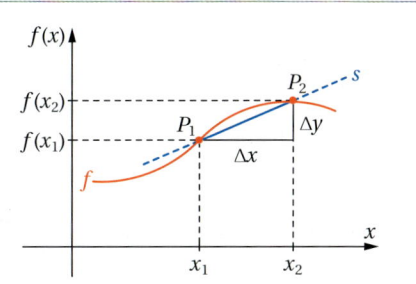
	h-Methode: $P_1\big(x_1/f(x)\big); P_2\big(x + h/f(x + h)\big)$ Sekantensteigung: $m_s = \dfrac{f(x + h) - f(x)}{h}$	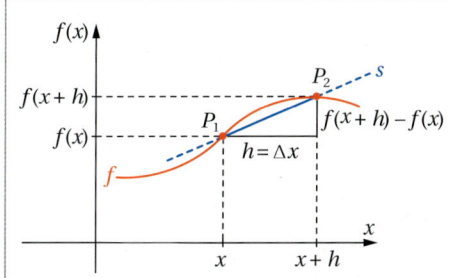
	x-Methode: $P_1\big(x/f(x_0)\big); P_2\big(x/f(x)\big)$ Sekantensteigung: $m_s = \dfrac{f(x) - f(x_0)}{x - x_0}$	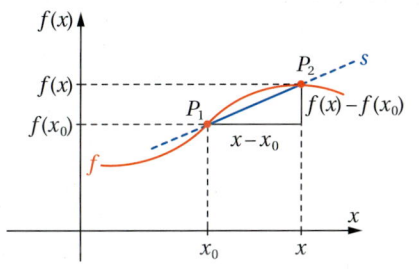
	Grafisch gibt der Differenzenquotient die Steigung m_s einer **Sekante** s zwischen zwei Punkten P_1 und P_2 an. Anwendungsbezogen gibt der Differenzenquotient die **durchschnittliche (mittlere) Änderungsrate** der jeweiligen Funktionswerte zwischen zwei Abszissenwerten an.	
Differenzial-quotient	**h-Methode:** $P_1\big(x/f(x)\big); P_2\big(x + h/f(x + h)\big)$ Tangentensteigung: $f'(x) = m_t = \lim\limits_{h \to 0} \dfrac{f(x + h) - f(x)}{h}$	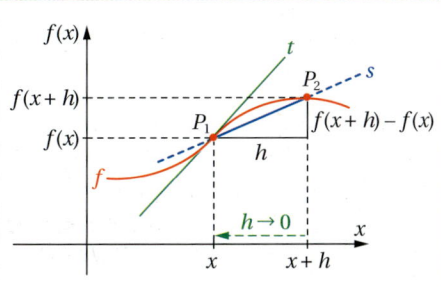

1. y Ermitteln
2. Steigung f'
   f'(x)
3. Tangentengleichung y=mx·b

Differenzial-quotient *(Fortsetzung)*	**x-Methode:** $P_1\left(x_0\mid f(x_0)\right);\ P_2\left(x\mid f(x)\right)$ Tangentensteigung: $f'(x) = m_t = \lim\limits_{x \to x_0} \dfrac{f(x) - f(x_0)}{x - x_0}$	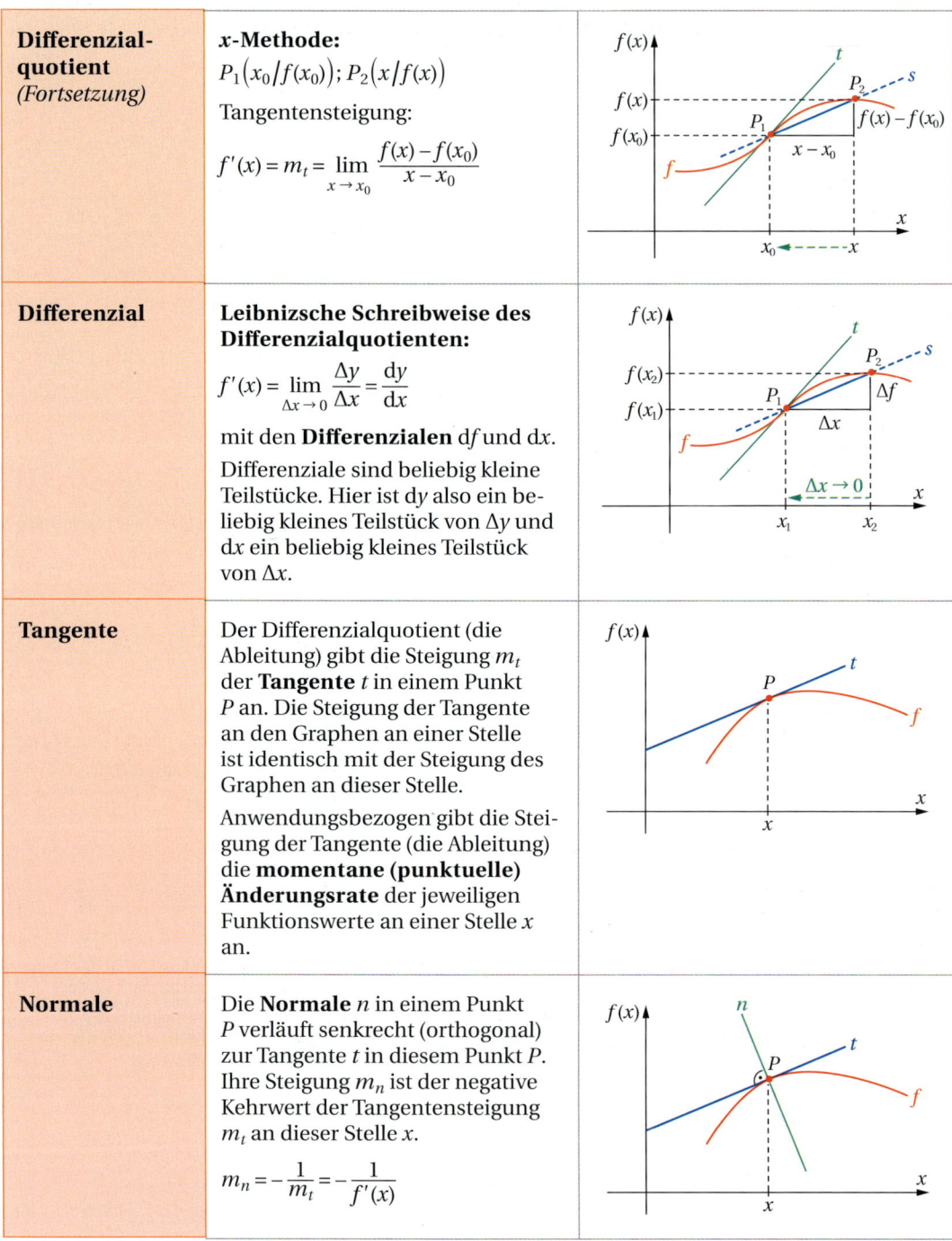
Differenzial	**Leibnizsche Schreibweise des Differenzialquotienten:** $f'(x) = \lim\limits_{\Delta x \to 0} \dfrac{\Delta y}{\Delta x} = \dfrac{\mathrm{d}y}{\mathrm{d}x}$ mit den **Differenzialen** $\mathrm{d}f$ und $\mathrm{d}x$. Differenziale sind beliebig kleine Teilstücke. Hier ist $\mathrm{d}y$ also ein beliebig kleines Teilstück von Δy und $\mathrm{d}x$ ein beliebig kleines Teilstück von Δx.	
Tangente	Der Differenzialquotient (die Ableitung) gibt die Steigung m_t der **Tangente** t in einem Punkt P an. Die Steigung der Tangente an den Graphen an einer Stelle ist identisch mit der Steigung des Graphen an dieser Stelle. Anwendungsbezogen gibt die Steigung der Tangente (die Ableitung) die **momentane (punktuelle) Änderungsrate** der jeweiligen Funktionswerte an einer Stelle x an.	
Normale	Die **Normale** n in einem Punkt P verläuft senkrecht (orthogonal) zur Tangente t in diesem Punkt P. Ihre Steigung m_n ist der negative Kehrwert der Tangentensteigung m_t an dieser Stelle x. $m_n = -\dfrac{1}{m_t} = -\dfrac{1}{f'(x)}$	

6.2 Ableitungsregeln (Differenziationsregeln)

Potenzregel	$f(x) = x^n$	$\Rightarrow f'(x) = n \cdot x^{n-1}$
Faktorregel	$f(x) = a \cdot u(x)$	$\Rightarrow f'(x) = a \cdot u'(x)$
Potenz- mit Faktorregel	$f(x) = a \cdot x^n$	$\Rightarrow f'(x) = a \cdot n \cdot x^{n-1}$
Summenregel, Differenzregel	$f(x) = u(x) \pm v(x)$	$\Rightarrow f'(x) = u'(x) \pm v'(x)$
Produktregel	$f(x) = u(x) \cdot v(x)$	$\Rightarrow f'(x) = u'(x) \cdot v(x) + u(x) \cdot v'(x)$
Quotienten-regel	$f(x) = \dfrac{u(x)}{v(x)}$	$\Rightarrow f'(x) = \dfrac{u'(x) \cdot v(x) - u(x) \cdot v'(x)}{\left[v(x)\right]^2}$
Kettenregel	$f(x) = ä\left[i(x)\right]$ Für verkettete Funktionen mit einer äußeren Funktion $ä$ und einer inneren Funktion i.	$\Rightarrow f'(x) = ä'\left[i(x)\right] \cdot i'(x)$ In Worten: Ableitung $ä'$ der äußeren Funktion (unter Beibehaltung der inneren Funktion i) mal Ableitung i' der inneren Funktion.
Kettenregel bei linearer Verket-tung (lineare Kettenregel)	$f(x) = ä\left[mx + b\right]$ Sonderfall, wenn die innere Funktion linear ist.	$\Rightarrow f'(x) = m \cdot ä'(mx + b)$ In Worten: Ableitung der äußeren Funktion (unter Beibehaltung der linearen Funktion) mal Koeffizient m des Lineargliedes.

6.3 Ableitung der Grundfunktionen

Grundfunktion $f(x)$	1. Ableitung $f'(x)$	2. Ableitung $f''(x)$
$f(x) = a$	$f'(x) = 0$	$f''(x) = 0$
$f(x) = b^x$	$f'(x) = b^x \cdot \ln b$	$f''(x) = b^x \cdot (\ln b)^2$
$f(x) = e^x$	$f'(x) = e^x$	$f''(x) = e^x$
$f(x) = \log_b x$	$f'(x) = \dfrac{1}{x \cdot \ln b}$	$f''(x) = -\dfrac{1}{x^2 \cdot \ln b}$
$f(x) = \ln x$	$f'(x) = \dfrac{1}{x}$	$f''(x) = -\dfrac{1}{x^2}$

Grundfunktion $f(x)$	1. Ableitung $f'(x)$	2. Ableitung $f''(x)$
$f(x) = \sqrt{x}$	$f'(x) = \dfrac{1}{2\sqrt{x}}$	$f''(x) = -\dfrac{1}{4x\sqrt{x}}$
$f(x) = \sin x$	$f'(x) = \cos x$	$f''(x) = -\sin x$
$f(x) = \cos x$	$f'(x) = -\sin x$	$f''(x) = -\cos x$

6.4 Extrempunkte und Monotonie

Begriffe

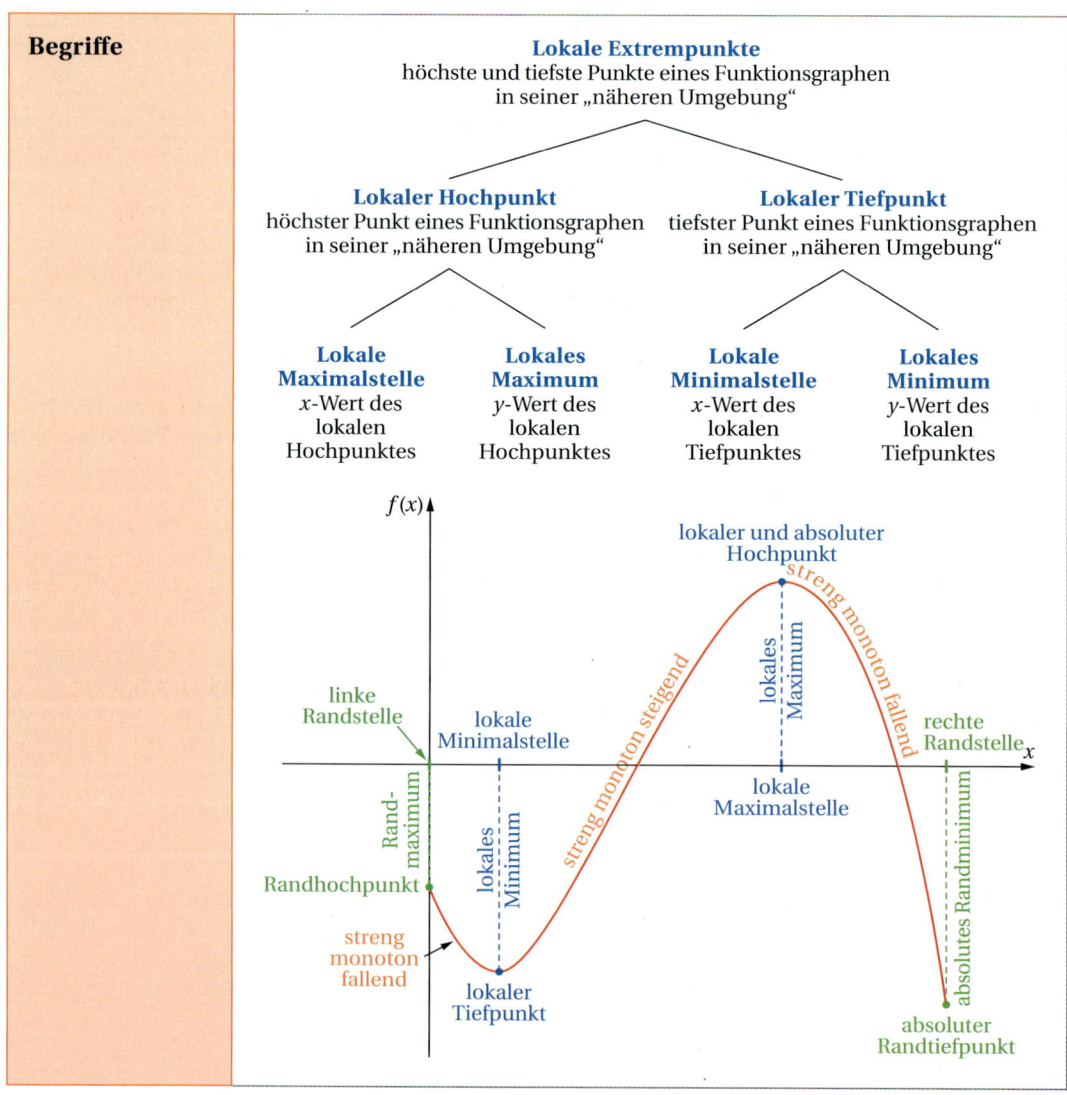

Lokale Extrempunkte
höchste und tiefste Punkte eines Funktionsgraphen
in seiner „näheren Umgebung"

Lokaler Hochpunkt
höchster Punkt eines Funktionsgraphen
in seiner „näheren Umgebung"

Lokaler Tiefpunkt
tiefster Punkt eines Funktionsgraphen
in seiner „näheren Umgebung"

Lokale Maximalstelle
x-Wert des lokalen Hochpunktes

Lokales Maximum
y-Wert des lokalen Hochpunktes

Lokale Minimalstelle
x-Wert des lokalen Tiefpunktes

Lokales Minimum
y-Wert des lokalen Tiefpunktes

Hochpunkt	notwendige Bedingung: $f'(x) = 0$ hinreichende Bedingung: $f'(x) = 0$ und $f''(x_E) < 0$ oder: $f'(x) = 0$ und Vorzeichenwechsel von $f'(x)$ bei x_E von $+$ nach $-$ mit wachsendem x	 $f(x)$, H, f x x_E $f''(x_E) < 0$ $f'(x_E) = 0$
Tiefpunkt	notwendige Bedingung: $f'(x) = 0$ hinreichende Bedingung: $f'(x) = 0$ und $f''(x_E) > 0$ oder: $f'(x) = 0$ und Vorzeichenwechsel von $f'(x)$ bei x_E von $-$ nach $+$ mit wachsendem x	 $f(x)$, $f'(x_E) = 0$ $f''(x_E) > 0$ f x x_E T
Extrempunkt	notwendige Bedingung: $f'(x) = 0$ hinreichende Bedingung: $f''(x) = 0$ und $f''(x_E) \neq 0$ oder: $f'(x) = 0$ und Vorzeichenwechsel von $f'(x)$ bei x_E	
Monotonie	$f'(x) > 0$	$\Rightarrow$ streng monoton wachsend (steigend)
	$f'(x) < 0$	$\Rightarrow$ streng monoton abnehmend (fallend)

6.5 Wendepunkte und Krümmung

Begriffe	Der Punkt W eines Funktionsgraphen, in dem sich sein Krümmungsverhalten ändert, heißt **Wendepunkt**. Der x-Wert x_W des Wendepunktes heißt **Wendestelle**. Die Steigung eines Graphen ist im Wendepunkt am kleinsten oder am größten (je nach Änderung des Krümmungsverhaltens). Bei einer **Rechtskrümmung** nimmt die Steigung des Funktionsgraphen ab. Bei einer **Linkskrümmung** nimmt die Steigung des Funktionsgraphen zu. Eine Tangente an den Graphen im Wendepunkt heißt **Wendetangente**.	
Wendepunkt W	notwendige Bedingung: $f''(x) = 0$ hinreichende Bedingung: $f''(x) = 0$ und $f'''(x_W) \neq 0$ oder: $f''(x) = 0$ und Vorzeichenwechsel von $f''(x)$ bei x_W $f'''(x_W) > 0 \Rightarrow$ Rechts-Links-Wendepunkt $f'''(x_W) < 0 \Rightarrow$ Links-Rechts-Wendepunkt	
Sattelpunkt W_s	notwendige Bedingung: $f'(x) = 0$ und $f''(x) = 0$ hinreichende Bedingung: $f'(x) = 0$ und $f''(x) = 0$ und $f'''(x_W) \neq 0$ oder: $f'(x) = 0$ und $f''(x) = 0$ und Vorzeichenwechsel von $f''(x)$ bei x_W	Ein Wendepunkt mit waagerechter Tangente heißt Sattelpunkt.
Krümmung	$f''(x) > 0$	Linkskrümmung
	$f''(x) < 0$	Rechtskrümmung

6.6 Progressiv oder degressiv steigender oder fallender Verlauf eines Graphen

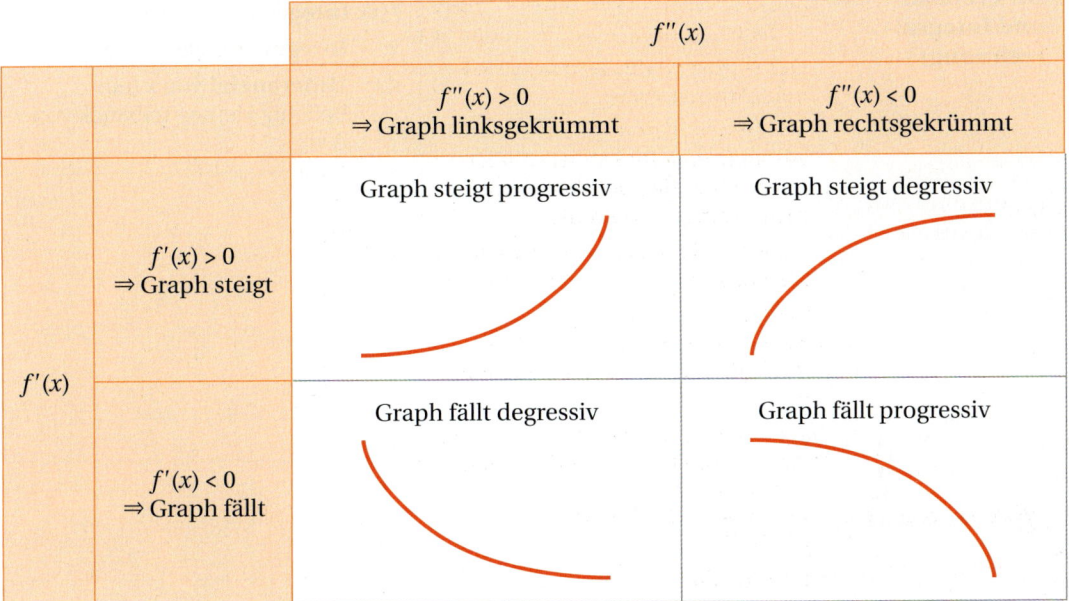

		$f''(x)$	
		$f''(x) > 0$ ⇒ Graph linksgekrümmt	$f''(x) < 0$ ⇒ Graph rechtsgekrümmt
$f'(x)$	$f'(x) > 0$ ⇒ Graph steigt	Graph steigt progressiv	Graph steigt degressiv
	$f'(x) < 0$ ⇒ Graph fällt	Graph fällt degressiv	Graph fällt progressiv

7 Integralrechnung

7.1 Grundbegriffe

Stamm-funktion	Eine Funktion F heißt Stammfunktion von f, wenn $F'(x) = f(x)$ ist.	
Unbestimmtes Integral	$\int f(x)\,\mathrm{d}x = F(x) + C$	$F(x) + C$ ist die Menge aller Stammfunktionen zu $f(x)$. Zu einer Funktion f gibt es unendlich viele Stammfunktionen F, die sich nur durch die **Integrationskonstante** C unterscheiden.

Bestimmtes Integral (Hauptsatz der Differenzial- und Integral- rechnung)	$\int\limits_a^b f(x)\,\mathrm{d}x = \left[F(b)\right]_a^b = F(b) - F(a)$	$F(b) - F(a)$ ist eine reelle Zahl. a: **untere Integrationsgrenze** b: **obere Integrationsgrenze** $f(x)$: **Integrand** x: **Integrationsvariable** $\mathrm{d}x$: **Differenzial** von x (ein beliebig kleines Teilstück von Δx)
Eigenschaften des bestimm- ten Integrals	$\int\limits_a^a f(x)\,\mathrm{d}x = 0$ $\int\limits_a^b f(x)\,\mathrm{d}x = -\int\limits_b^a f(x)\,\mathrm{d}x$ $\int\limits_a^c f(x)\,\mathrm{d}x = \int\limits_a^b f(x)\,\mathrm{d}x + \int\limits_b^c f(x)\,\mathrm{d}x \qquad \left(\text{für } b \in [a;c]\right)$	

7.2 Integrationsregeln

Potenzregel	$\int x^n\,\mathrm{d}x;\ n \neq -1$	$= \dfrac{1}{n+1}x^{n+1} + C$
Faktorregel	$\int a \cdot f(x)\,\mathrm{d}x$	$= a \cdot \int f(x)\,\mathrm{d}x + C$ $= a \cdot F(x) + C$ Ein konstanter Faktor bleibt beim Integrieren erhalten und kann auch vor das Integral gezogen werden.
Potenz- mit Faktorregel	$\int ax^n\,\mathrm{d}x;\ n \neq -1$	$= \dfrac{1}{n+1}ax^{n+1} + C$
Summenregel, Differenzregel	$\int (u(x) \pm v(x))\,\mathrm{d}x$	$= \int u(x)\,\mathrm{d}x \pm \int v(x)\,\mathrm{d}x$ Summen und Differenzen von Funktionen dürfen gliedweise integriert werden.
Lineare Ketten- regel	$\int f(mx + b)\,\mathrm{d}x$	$= \dfrac{1}{m} \cdot F(mx + b) + C$ Für verkettete Funktionen mit einer linearen inneren Funktion

7.3 Grundintegrale und weitere Integrale

$\int 0\,dx = C$	
$\int a\,dx = ax + C$	
$\int x\,dx = \frac{1}{2}x^2 + C$	
$\int x^n\,dx = \frac{1}{n+1}x^{n}+1 + C$	$n \neq -1$
$\int \frac{1}{x}\,dx = \ln|x| + C$	$x \neq 0$
$\int \sqrt{x}\,dx = \frac{2}{3}\sqrt{x^3} + C$	$x > 0$
$\int a^x\,dx = \frac{a^x}{\ln a} + C$	$a > 0;\ a \neq 1$
$\int e^x\,dx = e^x + C$	
$\int \ln x\,dx = x \cdot \ln|x| - x + C$	$x > 0;\ x \neq 1$
$\int \frac{1}{x \cdot \ln b}\,dx = \log_b x + C$	$b \neq 1;\ x > 0$
$\int \sin x\,dx = -\cos x + C$	
$\int \cos x\,dx = \sin x + C$	

7.4 Flächenberechnungen

| Orientierte Flächenmaßzahl | Wenn über einem Intervall $[a;\,b]$ die Funktionswerte größer oder gleich 0 sind, dann liegt die Fläche zwischen Funktionsgraph und Abszissenachse *oberhalb* der Abszissenachse. Das $\int_a^b f(x)\,dx$ führt dann zu einem positiven Ergebnis, die orientierte Maßzahl I der Fläche ist dann *positiv*. | 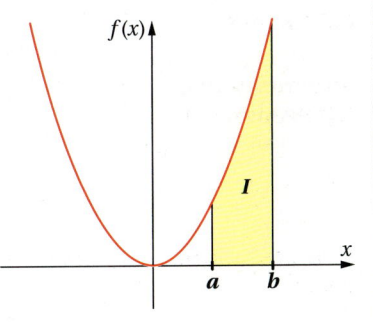 |

Orientierte Flächen-maßzahl *(Fortsetzung)*	Wenn über einem Intervall $[a; b]$ die Funktionswerte kleiner oder gleich 0 sind, dann liegt die Fläche zwischen Funktionsgraph und x-Achse *unterhalb* der x-Achse. Das $\int\limits_a^b f(x)\,dx$ führt dann zu einem negativen Ergebnis. Die orientierte Maßzahl I der Fläche ist dann *negativ*.	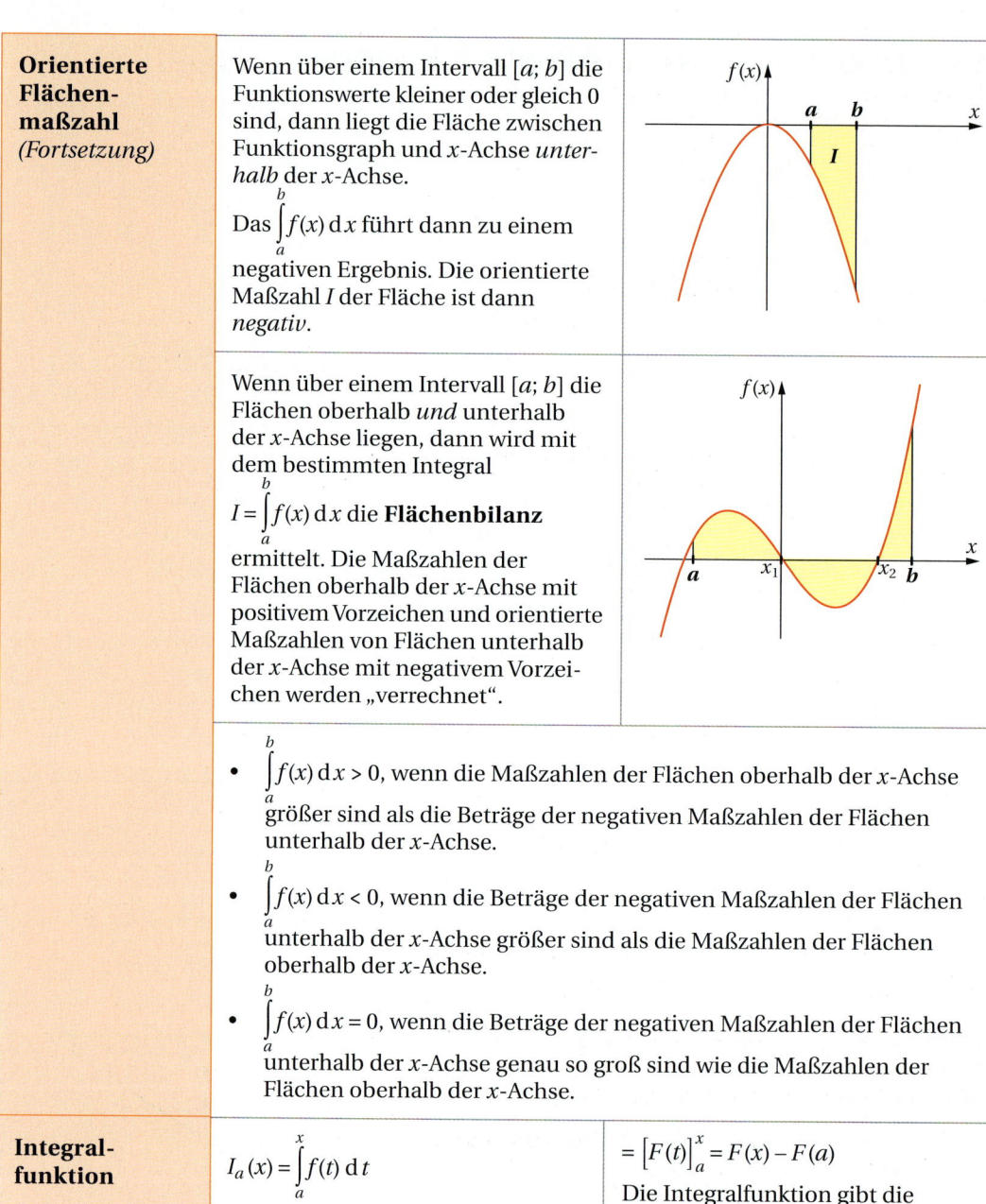
	Wenn über einem Intervall $[a; b]$ die Flächen oberhalb *und* unterhalb der x-Achse liegen, dann wird mit dem bestimmten Integral $I = \int\limits_a^b f(x)\,dx$ die **Flächenbilanz** ermittelt. Die Maßzahlen der Flächen oberhalb der x-Achse mit positivem Vorzeichen und orientierte Maßzahlen von Flächen unterhalb der x-Achse mit negativem Vorzeichen werden „verrechnet".	

- $\int\limits_a^b f(x)\,dx > 0$, wenn die Maßzahlen der Flächen oberhalb der x-Achse größer sind als die Beträge der negativen Maßzahlen der Flächen unterhalb der x-Achse.

- $\int\limits_a^b f(x)\,dx < 0$, wenn die Beträge der negativen Maßzahlen der Flächen unterhalb der x-Achse größer sind als die Maßzahlen der Flächen oberhalb der x-Achse.

- $\int\limits_a^b f(x)\,dx = 0$, wenn die Beträge der negativen Maßzahlen der Flächen unterhalb der x-Achse genau so groß sind wie die Maßzahlen der Flächen oberhalb der x-Achse.

Integral-funktion	$I_a(x) = \int\limits_a^x f(t)\,dt$ mit $I_a{}'(x) = f(x)$	$= \left[F(t)\right]_a^x = F(x) - F(a)$ Die Integralfunktion gibt die **Flächenbilanz** von einer festen unteren Grenze a bis zu einer variablen oberen Grenze x an.

Tatsächliche Flächenmaßzahl	Die *tatsächliche* Maßzahl einer Fläche ist der Betrag der orientierten Flächenmaßzahl und damit immer positiv.

- **Fläche oberhalb der x-Achse:**

$$I = \int_a^b f(x)\,\mathrm{d}x,$$

wenn $f(x) \geq 0$
für alle $x \in [a; b]$

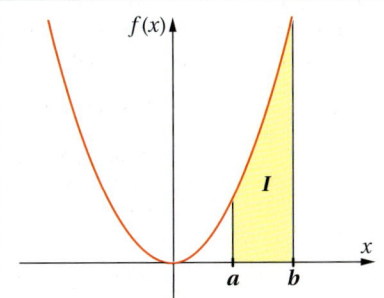

- **Fläche unterhalb der x-Achse:**

$$I = \left| \int_a^b f(x)\,\mathrm{d}x \right|,$$

wenn $f(x) \leq 0$
für alle $x \in [a; b]$

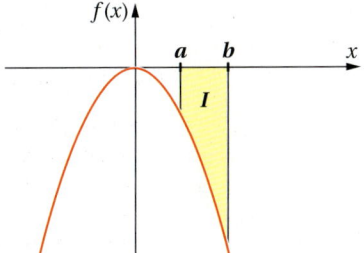

- **Fläche ober- und unterhalb der x-Achse:**

$$I = \left| \int_a^{x_1} f(x)\,\mathrm{d}x \right| + \left| \int_{x_1}^{x_2} f(x)\,\mathrm{d}x \right|$$

$$+ \left| \int_{x_2}^b f(x)\,\mathrm{d}x \right|,$$

wenn $f(x)$ in $[a; b]$ Nullstellen x_1, x_2 mit Vorzeichenwechsel hat.

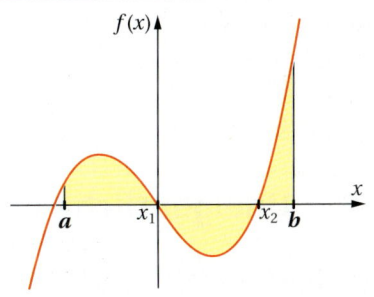

Flächen zwischen Funktionsgraphen	$h(x) \geq g(x)$ in $[a; b]$, $$I = \int_a^b [h(x) - g(x)]\,\mathrm{d}x$$ oder mit der **Differenzfunktion:** $$f_{\mathrm{diff}}(x) = h(x) - g(x)$$ $$I = \int_a^b f_{\mathrm{diff}}(x)\,\mathrm{d}x$$

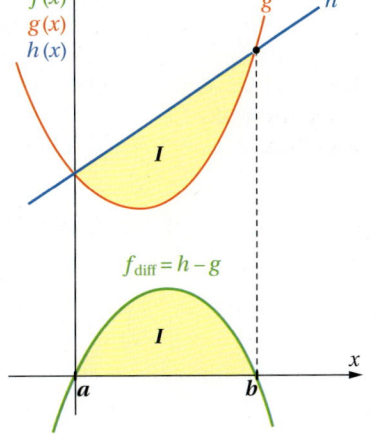

Flächen zwischen Funktionsgraphen *(Fortsetzung)*	Die Graphen von h und g schneiden sich in $[a; b]$, wobei x_S die Schnittstelle der Graphen miteinander ist.	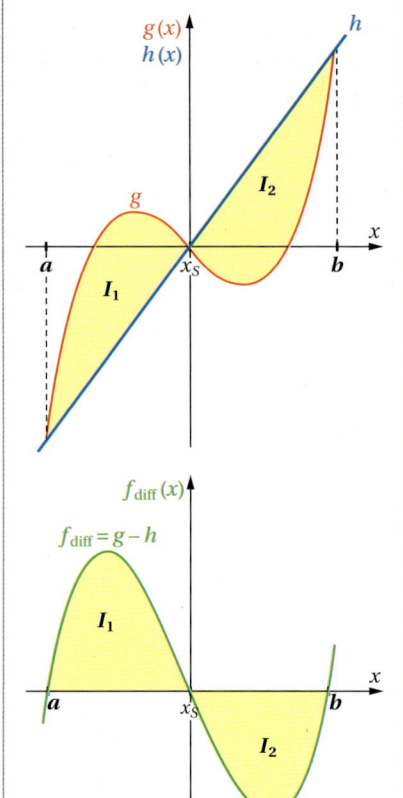
	$$I = \left| \int\limits_{a}^{x_S} \left[f_{\text{diff}}(x) \right] dx \right| + \left| \int\limits_{x_S}^{b} \left[f_{\text{diff}}(x) \right] dx \right|$$ $$= \left| \int\limits_{a}^{x_S} \left[g(x) - h(x) \right] dx \right|$$ $$+ \left| \int\limits_{x_S}^{b} \left[g(x) - h(x) \right] dx \right|$$	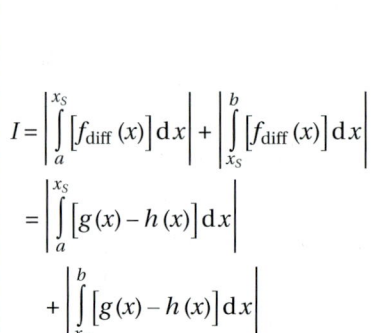

7.5 Uneigentliche Integrale

Begriff	Kann der Inhalt einer „ins Unendliche" reichenden Fläche mithilfe einer Grenzwertbetrachtung bestimmt werden, so sagt man, es existiert ein uneigentliches Integral.
Integration über ein unbeschränktes Intervall	$$\int\limits_{a}^{\infty} f(x)\, dx = \lim_{b \to \infty} \int\limits_{a}^{b} f(x)\, dx$$
	$$\int\limits_{-\infty}^{b} f(x)\, dx = \lim_{a \to -\infty} \int\limits_{a}^{b} f(x)\, dx$$

Integration einer unbeschränkten Funktion	$\displaystyle\int_{x_{\text{n.d.}}}^{a} f(x)\,dx = \lim_{c \to x_{\text{n.d.}}} \int_{c}^{a} f(x)\,dx$ $x_{\text{n.d.}}$ ist eine Polstelle.	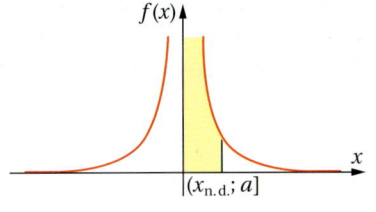
	$\displaystyle\int_{b}^{x_{\text{n.d.}}} f(x)\,dx = \lim_{c \to x_{\text{n.d.}}} \int_{b}^{c} f(x)\,dx$ $x_{\text{n.d.}}$ ist eine Polstelle.	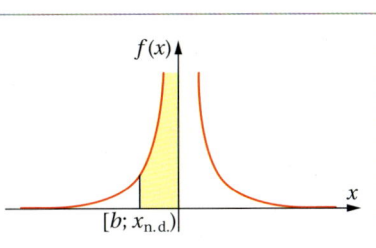

7.6 Rekonstruktion von Beständen

Rekonstruktion von Beständen	Gibt der Graph einer Funktion f die momentane Änderungsrate einer Größe an (ist f also der Graph einer Ableitungsfunktion), dann stellt der Inhalt der Fläche zwischen dem Ableitungsgraph und der Abszissenachse über einem Intervall die kumulierte (angehäufte) Gesamtgröße (den Gesamtbestand) für dieses Intervall dar. Beispiel: Absatzveränderung a und kumulierter Gesamtabsatz A.	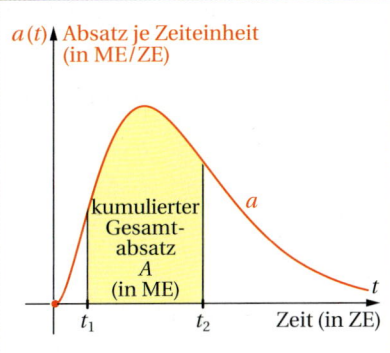

7.7 Volumen eines Rotationskörpers

Volumen eines Rotationskörpers (Rotationsvolumen)	Ein Rotationskörper entsteht dadurch, dass das Flächenstück zwischen dem Graphen einer Funktion und der x-Achse um die x-Achse rotiert.	
	Volumen eines Rotationskörpers, der durch Drehung um die x-Achse entstanden ist. $V = \pi \displaystyle\int_{a}^{b} \left[f(x) \right]^2 dx$	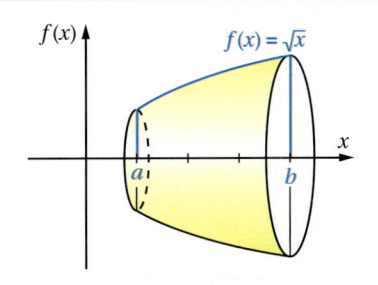

8 Wachstumsprozesse und Differenzialgleichungen

8.1 Lineares Wachstum

Lineares Wachstum	Bei linearem Wachstum nimmt der Bestand in jeweils einem Zeitschritt immer um denselben Betrag m zu oder ab.
Lineare Zunahme	**Explizite Darstellung für lineare Zunahme:** $f(x) = mx + b$ mit $m, b > 0$ b: Anfangsbestand zum Zeitpunkt $\quad x = 0$	
Lineare Abnahme	**Explizite Darstellung für lineare Abnahme:** $f(x) = mx + b$ mit $m < 0, b > 0$ b: Anfangsbestand zum Zeitpunkt $\quad x = 0$	
Rekursive Darstellung	$f(x + 1) = f(x) + m$ $\Leftrightarrow m = f(x + 1) - f(x)$	Der Funktionswert an der Stelle $x + 1$ ergibt sich, wenn zum Funktionswert an der Stelle x jeweils der **Wachstumssummand** m addiert wird.
Differenzialgleichung für lineares Wachstum	$f'(x) = m$	Die **Wachstumsgeschwindigkeit** $f'(x)$ ist konstant.

8.2 Exponentielles Wachstum

Exponentielles Wachstum	Bei exponentiellem Wachstum verändert sich der Bestand in jeweils einem Zeitschritt immer mit demselben **Wachstumsfaktor** oder **Zerfallsfaktor** b.

Exponentielle Zunahme	**Explizite Darstellung**
	
	• **als Exponentialfunktion:**
	  $f(x) = a \cdot b^x$ mit $b > 1$
	
	• **als e-Funktion:**
	  $f(x) = a \cdot e^{(\ln b) \cdot x} = a \cdot e^{kx}$
	  mit $k = \ln b;\ k > 0$
	
	a: Anfangsbestand zum Zeitpunkt $x = 0$
	
	b: Wachstumsfaktor (Bei gegebenem Prozentsatz p ist $b = 1 + p$.)
	
	$k = \ln b$ ist positiv und heißt **Wachstumskonstante**

Exponentielle Abnahme	**Explizite Darstellung**
	
	• **als Exponentialfunktion:**
	  $f(x) = a \cdot b^x$ mit $0 < b < 1$
	
	• **als e-Funktion:**
	  $f(x) = a \cdot e^{(\ln b) \cdot x} = a \cdot e^{kx}$
	
	a: Anfangsbestand zum Zeitpunkt $x = 0$
	
	b: Wachstumsfaktor (Bei gegebenem Prozentsatz p mit $0 < p < 1$ ist $b = 1 - p$.)
	
	$k = \ln b$ ist negativ und heißt **Zerfallskonstante**

Rekursive Darstellung	$f(x + 1) = f(x) \cdot b$ $\Leftrightarrow b = \dfrac{f(x + 1)}{f(x)}$	Der Funktionswert an der Stelle $x + 1$ ergibt sich, wenn der Funktionswert an der Stelle x jeweils mit dem **Wachstumsfaktor** b multipliziert wird. Für $b > 1$: exponentielle Zunahme, für $0 < b < 1$: exponentielle Abnahme.
Differenzialgleichung für exponentielles Wachstum	$f'(x) = f(x) \cdot k$	Die **Wachstumsgeschwindigkeit** $f'(x)$ ist proportional zum Bestand $f(x)$.

8.3 Begrenztes Wachstum

Begrenztes Wachstum	Begrenztes Wachstum ist dadurch gekennzeichnet, dass das **Sättigungsmanko** m exponentiell abnimmt und sich dadurch der Bestand f langfristig einer **Sättigungsgrenze** g nähert.
Begriffe	Bestand f = Sättigungsgrenze g – Sättigungsmanko m (s. Grafiken unten) $f(x) = g - m(x)$ mit Sättigungsmanko $m(x) = a \cdot b^x$, mit $0 < b < 1$ Bei gegebenem Prozentsatz p $(0 < p < 1)$ für die jeweilige prozentuale Abnahme des Sättigungsmankos in einem Zeitschritt ist der Wachstumsfaktor b des Sättigungsmankos $b = 1 - p$. $f(x) = g - a \cdot b^x$ mit $0 < b < 1$ $a = g - f(0)$: Sättigungsmanko zum Zeitpunkt $x = 0$ $f(0) = g - a$: Anfangsbestand zum Zeitpunkt $x = 0$
Begrenzte Zunahme	**Explizite Darstellung** • **als Exponentialfunktion:** $f(x) = g - a \cdot b^x$ mit $b = 1 - p$, also $0 < b < 1$ • **als e-Funktion:** $f(x) = g - a \cdot e^{(\ln b) \cdot x}$ $= g - a \cdot e^{k \cdot x}$ mit $k < 0$, weil $k = \ln b$ und $0 < b < 1$

Für begrenzte Zunahme:
$a > 0$ und Sättigungsgrenze g > Anfangsbestand $f(0)$

Begrenzte Abnahme	**Explizite Darstellung** • **als Exponentialfunktion:** $f(x) = g - a \cdot b^x$ mit $b = 1 - p$, also $0 < b < 1$ • **als e-Funktion:** $f(x) = g - a \cdot e^{(\ln b) \cdot x}$ $= g - a \cdot e^{k \cdot x}$ mit $k < 0$, weil $k = \ln b$ und $0 < b < 1$

Für begrenzte Abnahme:
$a < 0$ und Sättigungsgrenze g < Anfangsbestand $f(0)$

Rekursive Darstellung	$f(x+1) = f(x) + \big(g - f(x)\big) \cdot p$ mit dem Prozentsatz p: $0 < p < 1$ $f(x+1) = g - \big(g - f(x)\big) \cdot b$	
Differenzial-gleichung für begrenztes Wachstum	$f'(x) = \big(g - f(x)\big) \cdot (-k)$ mit $k < 0$ *(handschriftlich: $-a \circ e^{(ncb)} \cdot \ln(b)$)*	Die **Wachstumsgeschwindig-keit** $f'(x)$ ist proportional zum Sättigungsmanko $g - f(x)$.

8.4 Logistisches Wachstum

Begriffe	Logistisches Wachstum kennzeichnet, dass der **Bestand f** zunächst annähernd exponentiell unbeschränkt wächst und an der Wendestelle x_W, in begrenztes Wachstum übergeht. Der Bestand f strebt im Zeitablauf gegen eine **Sättigungsgrenze g**. Die Wachstumsgeschwindigkeit $f'(x)$ ist bei logistischem Wachstum an der Wendestelle x_W maximal. Der Bestand f hat an der Wendestelle x_W die halbe Sättigungsgrenze erreicht: $f(x_W) = \dfrac{g}{2}$	
Explizite Darstellung	• $f(x) = \dfrac{g}{1 + a \cdot e^{-bx}}$ mit $a = \dfrac{g}{f(0)} - 1$ und $b = k \cdot g$ gilt dann: $f(x) = \dfrac{g}{1 + \left(\dfrac{g}{f(0)} - 1\right) \cdot e^{-kgx}}$ $a = \dfrac{g}{f(0)} - 1$ $\Leftrightarrow f(0) = \dfrac{g}{a+1}$ $\Leftrightarrow g = f(0) \cdot (a+1)$	$a, b, g > 0$ $a = \dfrac{\text{Sättigungsgrenze } g}{\text{Anfangsbestand } f(0)} - 1$ $b = $ Wachstumskonstante k mal Sättigungsgrenze g
Differenzial-gleichung für logistisches Wachstum	$f'(x) = f(x) \cdot \big(g - f(x)\big) \cdot k$ mit $k > 0$ *(handschriftlich: $\dfrac{a b g \cdot e^{-bx}}{(1 + a \cdot e^{-bx})^2}$)*	Die **Wachstumsgeschwindig-keit** $f'(x)$ ist proportional zum Bestand $f(x)$ *und* zum Sättigungsmanko $g - f(x)$.

(handschriftliche Notiz:) Sättigungsgrenze $\displaystyle\lim_{x \to \infty}$ Bsp. $\dfrac{16}{1 + 15{,}8\, e^{-0{,}6x}} = \dfrac{16}{1} = 16$

8.5   Vergiftetes Wachstum

Begriffe	Ausgehend von einem Anfangs-bestand a nimmt der Bestand f zu-nächst zu, weil die sog. **Geburten-rate** g größer als die **Sterberate** s ist. Weil sich proportional mit der Zeit x die Sterberate s erhöht und größer als die Geburtenrate g wird, nimmt der Bestand f später ab und strebt langfristig gegen 0.	
Explizite Darstellung	$f(x) = a \cdot e^{gx - \frac{1}{2}sx^2}$ mit $a, s, g > 0$	a: Anfangsbestand $f(0)$ g: Geburtenrate s: Sterberate
Differenzial-gleichung für vergiftetes Wachstum	$f'(x) = f(x) \cdot (g - sx)$	Im Gegensatz zum exponen-tiellen Wachstum nimmt der Wachstumsfaktor $(g - sx)$ mit der Zeit x ab.

9   Wirtschaft

9.1   Kosten, Erlös, Gewinn

Gesamtkostenfunktion	$K(x) = K_v(x) + K_f(x)$	Gesamtkosten K = variable Kosten K_v + Fixkosten K_f
Funktion der variablen Gesamtkosten	$K_v(x) = K(x) - K_f(x)$ $K_v(x) = K(x) - K(0)$	
Funktion der fixen Gesamtkosten	$K_f(x) = K(x) - K_v(x)$ $K_f(x) = K(0)$	

$K_v = k_v \cdot x$

$k(x) = \frac{K(x)}{x}$

$k_v(x) = \frac{K_v}{x}$

$k'(x)$

Funktion der gesamten (totalen) Stückkosten (Durchschnittskosten)	$k(x) = \dfrac{K(x)}{x}$	
Funktion der variablen Stückkosten	$k_v(x) = \dfrac{K_v(x)}{x}$	
Funktion der fixen Stückkosten	$k_f(x) = \dfrac{K_f(x)}{x}$	
Grenzkostenfunktion	$K'(x)$ (1. Ableitung der Gesamtkostenfunktion)	
Betriebsoptimum	Das Betriebsoptimum x_{BO} ist die Tiefstelle der Stückkostenkurve k. Es gilt: $k'(x) = 0 \land k''(x_{BO}) > 0$ Das Betriebsoptimum x_{BO} ist gleichzeitig die Schnittstelle der Grenzkostenkurve K' mit der Stückkostenkurve k. Es gilt: $K'(x) = k(x)$	
Langfristige Preisuntergrenze	$p_{LPU} = k(x_{BO})$ oder: $p_{LPU} = K'(x_{BO})$	
Betriebsminimum	Das Betriebsminimum x_{BM} ist die Tiefstelle der Kurve der variablen Stückkosten k_v. Es gilt: $k_v'(x) = 0 \land k_v''(x_{BM}) > 0$ Das Betriebsminimum x_{BM} ist gleichzeitig die Schnittstelle der Grenzkostenkurve K' mit der Kurve der variablen Stückkosten k_v. Es gilt: $K'(x) = k_v(x)$	
Kurzfristige Preisuntergrenze	$p_{KPU} = k_v(x_{BM})$ oder: $p_{KPU} = K'(x_{BM})$	

Polypol	**Preis-Absatzfunktion im Polypol:** $p(x) = p$ mit $p > 0$	
	Erlösfunktion im Polypol: $E(x) = p \cdot x$ mit $p > 0$	
	Grenzerlösfunktion im Polypol: $E'(x) = p$	1. Ableitung der Erlösfunktion
	Erlösmaximale Produktions-menge im Polypol: $x_{E\max} = x_{\text{Kap}}$	Die erlösmaximale Produktionsmenge $x_{E\max}$ des Polypolisten ist die Kapazitätsgrenze x_{Kap} des Betriebes (s. Grafik oben).
	Erlösmaximum im Polypol: $E_{\max} = E(x_{\text{Kap}})$	Das Erlösmaximum des Polypolisten $E_{\max}$ ist der Funktionswert der Erlösgeraden an der Kapazitätsgrenze x_{Kap} (s. Grafik oben).
Monopol	**Preis-Absatzfunktion im Monopol:** $p(x) = mx + b$ mit $m < 0$, $b > 0$	
	Erlösfunktion im Monopol: $E(x) = p(x) \cdot x$ $E(x) = mx^2 + bx$ mit $m < 0$, $b > 0$	
	Grenzerlösfunktion im Monopol: $E'(x) = 2mx + b$ mit $m < 0$, $b > 0$	1. Ableitung der Erlösfunktion
	Erlösmaximale Produktions-menge im Monopol: $E'(x) = 0 \wedge E''(x) < 0$ $\Rightarrow x_{E\max}$	Die erlösmaximale Produktionsmenge $x_{E\max}$ des Monopolisten ist der x-Wert des Hochpunktes der Erlöskurve (s. Grafik oben).
	Erlösmaximum im Monopol: $E_{\max} = E(x_{E\max})$	Das Erlösmaximum $E_{\max}$ des Monopolisten ist der Funktionswert des Hochpunktes der Erlöskurve (s. Grafik oben).

Gewinnfunktion	$G(x) = E(x) - K(x)$	
Gewinnschwelle (Break-even-Point, Nutzenschwelle)	$G(x) = 0$ Die 1. Nullstelle von $G(x)$ für $x > 0$ ist die Gewinnschwelle x_{GS}. oder: $E(x) = K(x)$ Die 1. Schnittstelle von $E(x)$ mit $K(x)$ für $x > 0$ ist die Gewinnschwelle x_{GS}.	
Gewinngrenze (Nutzengrenze)	$G(x) = 0$ Die 2. Nullstelle von $G(x)$ für $x > 0$ ist die Gewinngrenze x_{GG} oder: $E(x) = K(x)$ Die 2. Schnittstelle von $E(x)$ mit $K(x)$ für $x > 0$ ist die Gewinngrenze x_{GG}.	
Grenzgewinn	$G'(x)$	1. Ableitung der Gewinnfunktion
Gewinnmaximale Produktionsmenge	$G'(x) = 0 \wedge G''(x) < 0$ $\Rightarrow x_{G_{max}}$	Die gewinnmaximale Produktionsmenge $x_{G_{max}}$ ist der x-Wert des Hochpunktes der Gewinnkurve (s. Grafik unten).
Gewinnmaximum	$G_{max} = G(x_{G_{max}})$ $G'(x) = 0$	Das Gewinnmaximum G_{max} ist der Funktionswert des Hochpunktes der Gewinnkurve (s. Grafik unten).
Cournotscher Punkt	$C(x_C/p_C)$ Die gewinnmaximale Ausbringungsmenge im Monopol $x_{G_{max}}$ heißt **cournotsche Menge x_C**. **cournotscher Preis:** $p_C = p(x_{G_{max}})$	

Stückgewinn
$p = K'(x)$
einsetzen in k(x)
$p - k(x)$

9.2 Minimalkostenkombination

Isokosten-funktion	Aus $K = x \cdot p_x + y \cdot p_y$ folgt: $$I_K \text{ mit } y(x) = -\frac{p_x}{p_y} \cdot x + \frac{K}{p_y}$$ x: 1. Produktionsfaktor y: 2. Produktionsfaktor p_x: Preis für eine Mengeneinheit des Produktionsfaktors x p_y: Preis für eine Mengeneinheit des Produktionsfaktors y K: Kostenbudget, das für die Produktion zur Verfügung steht	Eine Isokostenfunktion I_K gibt alle Kombinationsmöglichkeiten zweier Produktionsfaktoren x und y (z. B. Arbeit und Kapital) in ME an, die bei gegebenen Preisen p_x und p_y (in GE/ME) für die Produktionsfaktoren gleich hohe Kosten K bei der Produktion eines Gutes verursachen. Der Graph einer Isokostenfunktion ist eine Gerade mit der allgemeinen Form $y(x) = mx + b$ mit $m = -\dfrac{p_x}{p_y} < 0$ und $b = \dfrac{K}{p_y} > 0$. Der Graph heißt **Isokostengerade** (s. Grafik unten).
Isoquanten-funktion	I_P mit $y(x) = \dfrac{a}{x-b} + c$; Asym $a > 0,\ b, c \geq 0$ Folg a: Dehnungs-, Stauchungs-, Spiegelungsfaktor (Formfaktor) b: Verschiebung in x-Richtung entsprechend dem Vorzeichen von b $\Rightarrow$ Polstelle: $x = b$ c: Verschiebung in y-Richtung entsprechend dem Vorzeichen von c $\Rightarrow$ Asymptote: $y^*(x) = c$	Eine Isoquantenfunktion I_P gibt alle Kombinationsmöglichkeiten zweier Produktionsfaktoren x und y (z. B. Arbeit und Kapital) in ME an, die zu einer gleich hohen Produktionsmenge P führen. Der Graph der Isoquantenfunktion ist eine **Hyperbel** und heißt **Isoquante** (s. Grafik unten).
Minimal-kosten-kombination	Die Minimalkostenkombination B gibt die optimale Kombination zweier Produktionsfaktoren x und y in ME an, mit der eine bestimmte Produktionsmenge zu minimalen Kosten hergestellt werden kann. Im **Berührpunkt B (Tangentialpunkt)** ist die Steigung der Isokostengeraden $I_K' = m$ gleich der Steigung der Isoquante I_p': $I_K' = I_p' \Leftrightarrow m = I_p'$ $-\dfrac{p_x}{p_y} = \dfrac{a}{(x-b)^2} \Rightarrow x_B$	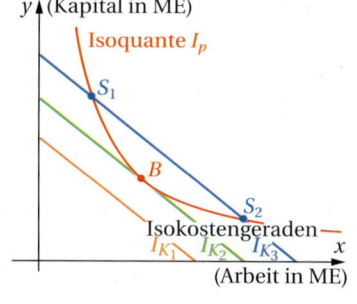

Handschriftliche Notizen (linke Spalte, Isoquantenfunktion):
$a(x-b)^{-1}$
$u = a x^{-1}$
$v = x - b$
$u'(v(x)) \cdot v'(x)$
Grenzrate der Substitution
$y'(x)$

Handschriftliche Notizen (Minimalkostenkombination):
$osk\ b\infty$
$n\bar{o}k\ c\infty$

9.3   Angebot und Nachfrage, Marktgleichgewicht

Nachfrage-funktion (Preis-Absatz-funktion im Monopol)	$p_N(x) = mx + b$ mit $m < 0$, $b > 0$ **Höchstpreis (Prohibitivpreis):** $p_H = p_N(0)$ **Sättigungsmenge:** $p_N(x) = 0 \Rightarrow x_S$ Also: $$p_N(x) = -\frac{p_H}{x_S} \cdot x + p_H$$	Der Graph einer gesamtwirt-schaftlichen Nachfragefunktion fällt streng monoton, weil mit sinkendem Preis die Nachfrage zunimmt, bzw. mit steigendem Preis die Nachfrage abnimmt.
Angebots-funktion	$p_A(x) = mx + b$ mit $m, b > 0$ **Mindestangebotspreis:** $p_M = p_A(0)$	Der Graph einer gesamtwirt-schaftlichen Angebotsfunktion steigt streng monoton, weil mit steigendem Preis auch das Ange-bot zunimmt, bzw. mit sinken-dem Preis das Angebot abnimmt.
Marktgleich-gewicht	$G(x_G/p_G)$ $p_A(x) = p_N(x)$ $\Rightarrow$ **Gleichgewichtsmenge** x_G **Gleichgewichtspreis:** $p_G = p_N(x_G)$ oder: $p_G = p_A(x_G)$	

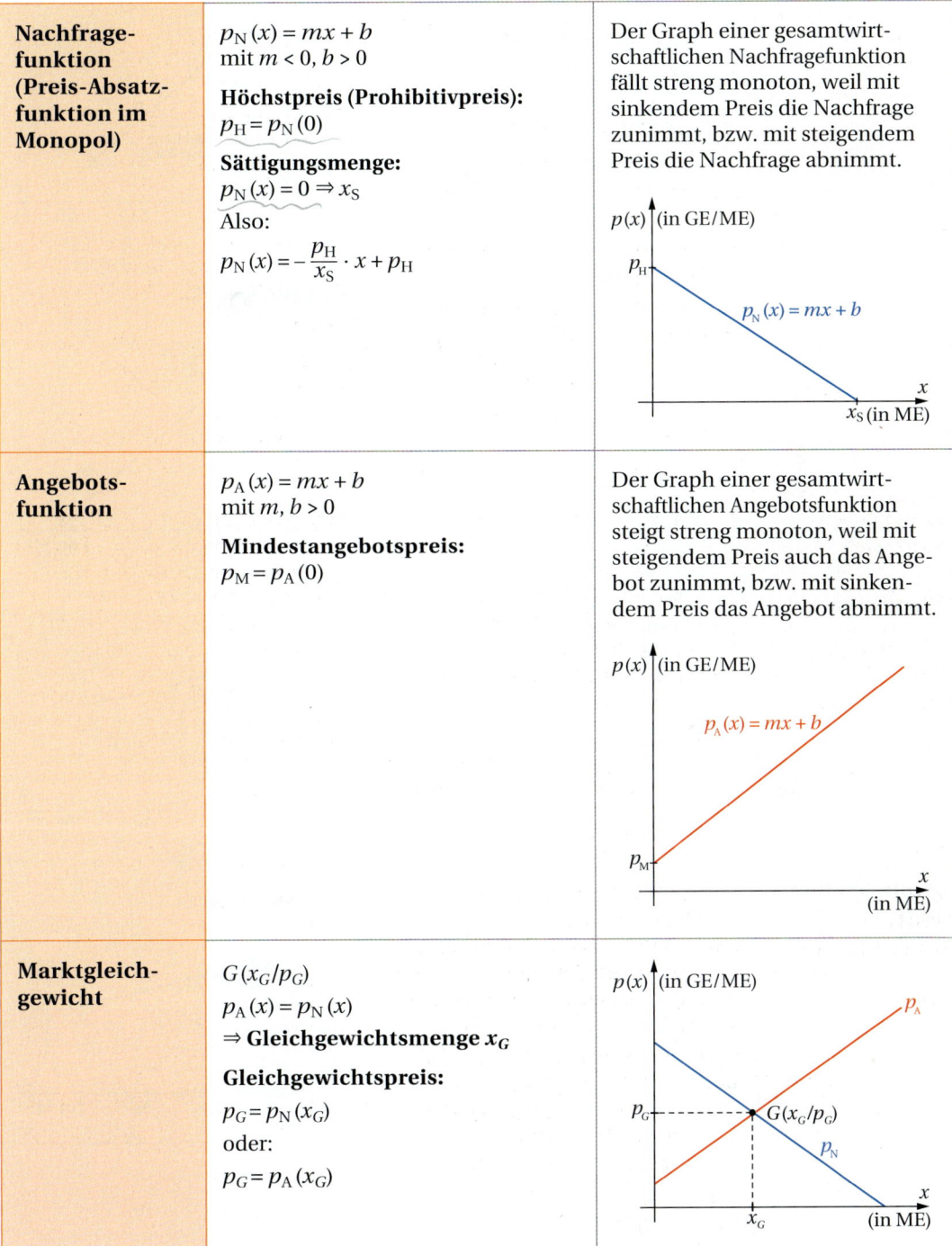

Marktungleich-gewicht *(Fortsetzung)*	• Der Marktpreis p ist kleiner als der Gleichgewichtspreis p_G $\Rightarrow$ **Nachfrageüberschuss** (auch: **Nachfrageüberhang**) $= x_N - x_A$	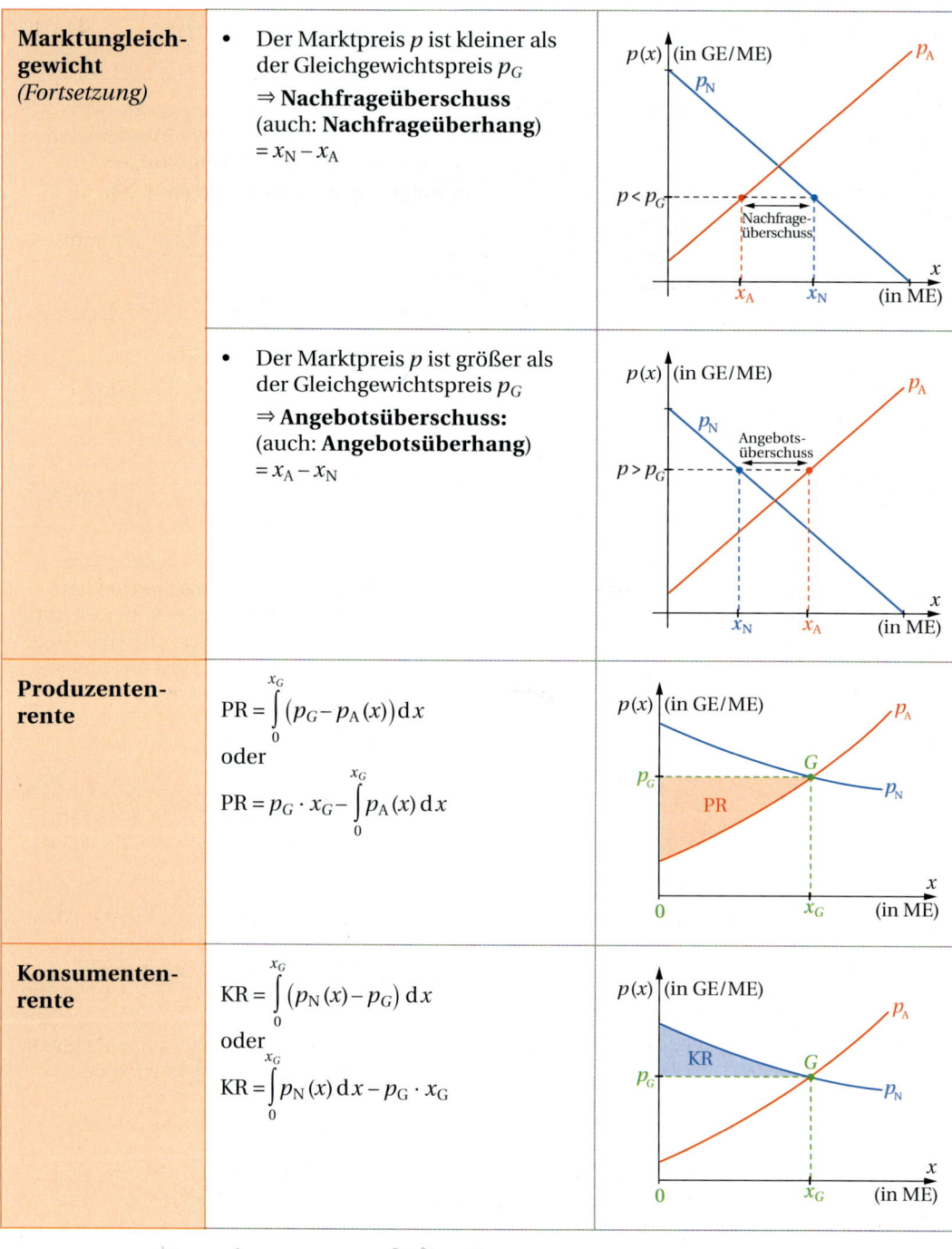
	• Der Marktpreis p ist größer als der Gleichgewichtspreis p_G $\Rightarrow$ **Angebotsüberschuss:** (auch: **Angebotsüberhang**) $= x_A - x_N$	
Produzenten-rente	$$PR = \int_0^{x_G} \left(p_G - p_A(x) \right) dx$$ oder $$PR = p_G \cdot x_G - \int_0^{x_G} p_A(x)\, dx$$	
Konsumenten-rente	$$KR = \int_0^{x_G} \left(p_N(x) - p_G \right) dx$$ oder $$KR = \int_0^{x_G} p_N(x)\, dx - p_G \cdot x_G$$	

K $\frac{1}{2}\left(p_N(0) - p_G \right) \cdot x_G$

P $p_G - p_N(0)$

9.4 Elastizität

Begriff	Elastizität $= \dfrac{\text{Wirkung in \%}}{\text{Ursache in \%}}$ $\qquad e = \dfrac{p_{(x)}}{p'_{(x)} \cdot x}$	
	$= \dfrac{\text{Prozentuale Veränderung der abhängigen Variablen}}{\text{Prozentuale Veränderung der unabhängigen Variablen}}$	
	Das Verhältnis der prozentualen Änderung der abhängigen Variablen (die Wirkung) zur prozentualen Änderung der unabhängigen Variablen (der Ursache) heißt **Elastizität e**.	
	Die Elastizität e beschreibt die Heftigkeit der Wirkung auf eine Ursache.	
Elastizität eines Funktionswertes f bezüglich eines x-Wertes	$e_{f;\,x} = \dfrac{\frac{\Delta f}{f}}{\frac{\Delta x}{x}}$	für diskrete (endliche) Veränderungen der Variablen
	$e_{f(x);\,x}(x) = \dfrac{f'(x) \cdot x}{f(x)}$	für beliebig kleine Veränderungen der Variablen
Preiselastizität der Nachfrage (Elastizität der Nachfrage x bezüglich des Preises p)	$e_{x;\,p} = \dfrac{\frac{\Delta x}{x}}{\frac{\Delta p}{p}}$	für diskrete (endliche) Veränderungen der Variablen
	$e_{x;\,p}(x) = \dfrac{p(x)}{p'(x) \cdot x}$	für beliebig kleine Veränderungen der Variablen
Elastizitätsintervalle	• **fließende Reaktion** $|e| = 1$	Eine Änderung der unabhängigen Variablen um 1 % bewirkt eine 1%ige Änderung der abhängigen Variablen.
	• **elastische Reaktion** $|e| > 1$	Eine Änderung der unabhängigen Variablen um 1 % bewirkt eine Änderung der abhängigen Variablen um mehr als 1 %.
	• **unelastische Reaktion** $|e| < 1$	Eine Änderung der unabhängigen Variablen um 1 % bewirkt eine Änderung der abhängigen Variablen um weniger als 1 %.
	• **vollkommen elastische Reaktion** $|e| \to \infty$	Die Änderung der abhängigen Variablen als Reaktion auf eine Änderung der unabhängigen Variablen ist unendlich groß.
	• **vollkommen unelastische Reaktion** $e = 0$	Eine Änderung der unabhängigen Variablen bewirkt keine Veränderung der abhängigen Variablen.

| Kostenelastizität (Elastizität der Gesamtkosten K bezüglich der Produktionsmenge x) | $e_{K;\,x} = \dfrac{\dfrac{\Delta K}{K}}{\dfrac{\Delta x}{x}}$ | für diskrete (endliche) Veränderungen der Variablen |
| | $e_{K;\,x}(x) = \dfrac{K'(x) \cdot x}{K(x)}$ | für beliebig kleine Veränderungen der Variablen |

9.5 Produktlebenszyklus

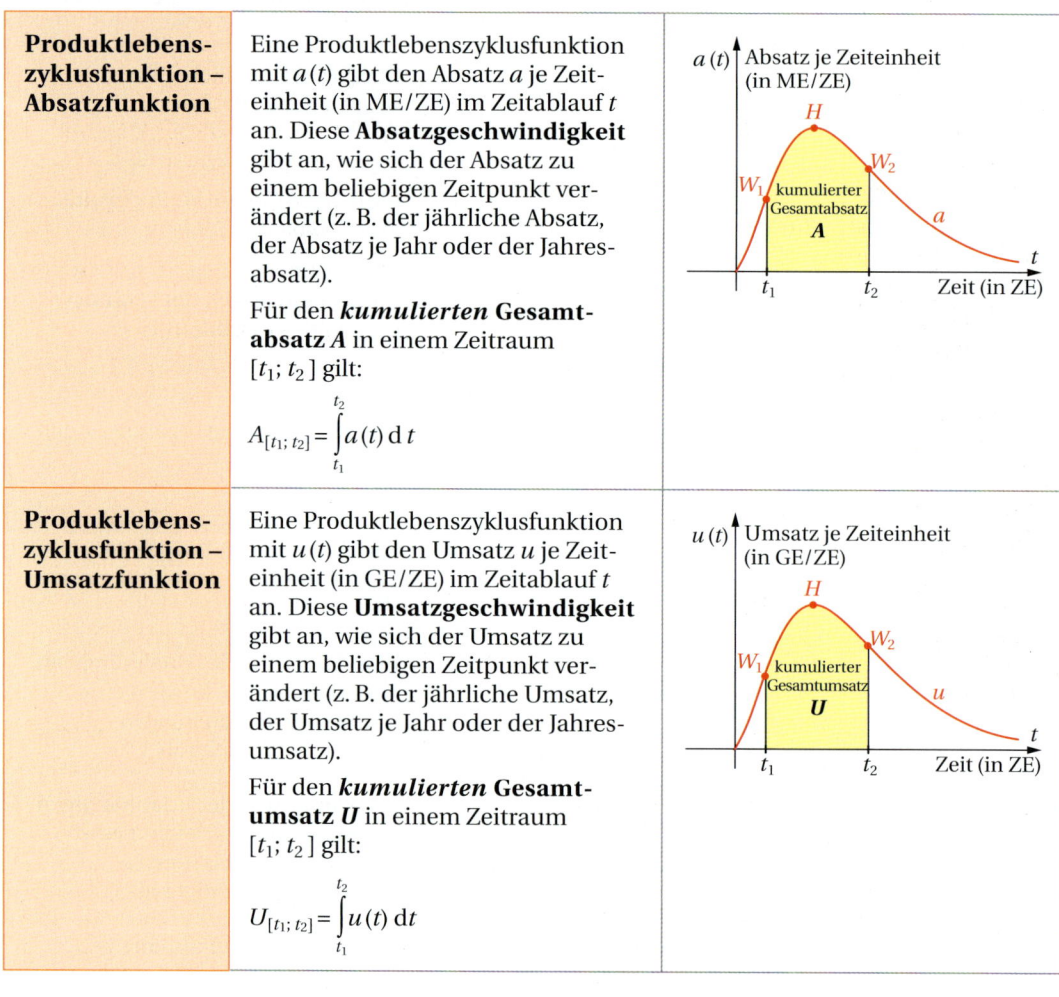

| **Produktlebenszyklusfunktion – Absatzfunktion** | Eine Produktlebenszyklusfunktion mit $a(t)$ gibt den Absatz a je Zeiteinheit (in ME/ZE) im Zeitablauf t an. Diese **Absatzgeschwindigkeit** gibt an, wie sich der Absatz zu einem beliebigen Zeitpunkt verändert (z. B. der jährliche Absatz, der Absatz je Jahr oder der Jahresabsatz).

 Für den **kumulierten Gesamtabsatz A** in einem Zeitraum $[t_1;\, t_2]$ gilt:

 $A_{[t_1;\, t_2]} = \displaystyle\int_{t_1}^{t_2} a(t)\,\mathrm{d}t$ | |
| **Produktlebenszyklusfunktion – Umsatzfunktion** | Eine Produktlebenszyklusfunktion mit $u(t)$ gibt den Umsatz u je Zeiteinheit (in GE/ZE) im Zeitablauf t an. Diese **Umsatzgeschwindigkeit** gibt an, wie sich der Umsatz zu einem beliebigen Zeitpunkt verändert (z. B. der jährliche Umsatz, der Umsatz je Jahr oder der Jahresumsatz).

 Für den **kumulierten Gesamtumsatz U** in einem Zeitraum $[t_1;\, t_2]$ gilt:

 $U_{[t_1;\, t_2]} = \displaystyle\int_{t_1}^{t_2} u(t)\,\mathrm{d}t$ | |

Zusammenhang zwischen Absatz je Zeiteinheit, Umsatz je Zeiteinheit und Preis je Mengeneinheit	$u(t) = a(t) \cdot p(t)$ $\Leftrightarrow a(t) = \dfrac{u(t)}{p(t)}$ $\Leftrightarrow p(t) = \dfrac{u(t)}{a(t)}$	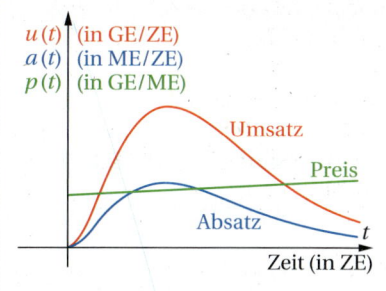

9.5 Zinsrechnung

Endkapital bei einfacher Zinsrechnung	$K(x) = K_0 \cdot (1 + px)$	$K(x)$: Endkapital nach x Jahren
Endkapital bei jährlicher Verzinsung (Zinseszins)	$K(x) = K_0 \cdot (1 + p)^x$	K_0: Anfangskapital p: (nomineller) Jahreszinssatz
Endkapital bei unterjährlicher Verzinsung (Zinseszins)	$K_m(x) = K_0 \cdot \left(1 + \dfrac{p}{m}\right)^{m \cdot x}$	x: Verzinsungszeitraum in Jahren m: Zinsperioden/Jahr
Endkapital bei stetiger Verzinsung (Zinseszins)	$K(x) = K_0 \cdot e^{px}$	

Analytische Geometrie

1 Mathematische Zeichen und Symbole der analytischen Geometrie

Zeichen, Symbol	Sprechweise/Bedeutung	Beispiel
$P(x/y)$	Punkt (in der Ebene) mit den Koordinaten x und y	$P(-1/3)$
$P(x/y/z)$	Punkt (im Raum) mit den Koordinaten x, y und z	$P(3/-4/0,5)$
$\overline{AB}$	Strecke zwischen den Punkten A und B	vgl. S. 59
$ABCD_\square$	Viereck mit den Eckpunkten A, B, C, D	vgl. S. 59
$\vec{v}$	Vektor $\vec{v}$ (Spaltenvektor)	$\vec{v} = \begin{pmatrix} 1 \\ -4 \end{pmatrix}$
$-\vec{v}$	Gegenvektor zum Vektor $\vec{v}$	$-\vec{v} = \begin{pmatrix} -1 \\ 4 \end{pmatrix}$
$\vec{v}^{\,\mathrm{T}}$	transponierter Vektor $\vec{v}^{\,\mathrm{T}}$ (Zeilenvektor)	$\vec{v}^{\,\mathrm{T}} = (1 \;\; -4)$
$\vec{e}$	Einsvektor	$\vec{e}_{3\times1} = \begin{pmatrix} 1 \\ 1 \\ 1 \end{pmatrix}$
$\vec{o}$	Nullvektor	$\vec{o}_{2\times1} = \begin{pmatrix} 0 \\ 0 \end{pmatrix}$
$\vec{b}_x^{\,0}, \vec{b}_y^{\,0}, \vec{b}_z^{\,0}$	Basisvektoren (Einheitsvektoren)	$\vec{b}_x^{\,0} = \begin{pmatrix} 1 \\ 0 \\ 0 \end{pmatrix}$
$\vec{b}_a$	Projektion des Vektors $\vec{b}$ in Richtung von (Vektor) $\vec{a}$.	vgl. S. 65
$\overrightarrow{AF}$	(Verbindungs-)Vektor zwischen den Punkten A und F (gerichtete Strecke)	vgl. S. 59
$\overrightarrow{OP}$	Ortsvektor zum Punkt P	vgl. S. 62
$*$	Skalarprodukt	$\vec{a} * \vec{b}$
$\lvert\;\rvert$	Betrag	$\lvert \vec{v} \rvert$
$\parallel$	parallel	$\vec{a} \parallel \vec{b}$
$\perp$	orthogonal	$\vec{b} \perp \vec{c}$
$\uparrow\uparrow$	gleichorientiert	$\vec{a} \uparrow\uparrow \vec{b}$
$\uparrow\downarrow$	entgegengesetzt orientiert	$\vec{a} \uparrow\downarrow \vec{d}$
$\sphericalangle$	Winkel zwischen	$\sphericalangle(\vec{a}, \vec{c})$

2 Vektoren

2.1 Definitionen

Tupel	Ein n-Tupel ist eine geordnete Liste der mathematischen Objekte x_1; x_2; $\ldots$; x_n. Punkte und Vektoren sind Tupel im mathematischen Sinne.

Punkt	**Ebene** **(2-Tupel, geordnetes Paar)** $P(x/y)$	**Raum** **(3-Tupel, geordnetes Tripel)** $P(x/y/z)$
	x gibt den Abstand vom Ursprung in Richtung der x-Achse an. y gibt den Abstand vom Ursprung in Richtung der y-Achse an. z gibt den Abstand vom Ursprung in Richtung der z-Achse an.	

Zweidimensionales Koordinatensystem

Punkt	$A(x/y)$	1. Quadrant
Strecke	$\overline{EF}$	2. Quadrant
Vektor	$\overrightarrow{AF}$	1. und 2. Quadrant
Viereck	$ABCD_\square$	1. Quadrant

Quadrant	1.	2.	3.	4.
x-Koordinate (Abszisse)	+	–	–	+
y-Koordinate (Ordinate)	+	+	–	–

**Dreidimen-
sionales
Koordinaten-
system**

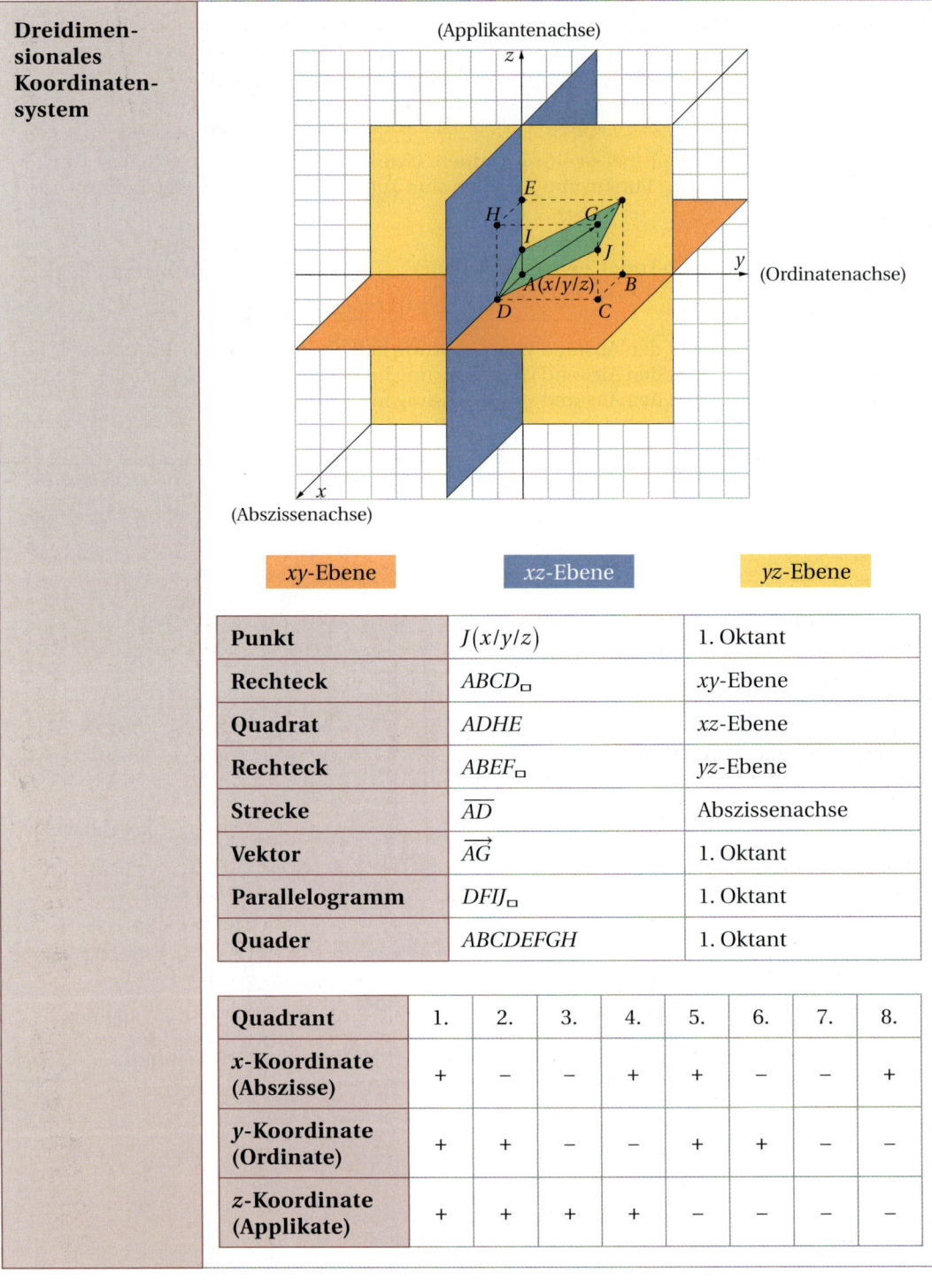

Punkt	$J(x/y/z)$	1. Oktant
Rechteck	$ABCD_\square$	xy-Ebene
Quadrat	$ADHE$	xz-Ebene
Rechteck	$ABEF_\square$	yz-Ebene
Strecke	$\overline{AD}$	Abszissenachse
Vektor	$\overrightarrow{AG}$	1. Oktant
Parallelogramm	$DFIJ_\square$	1. Oktant
Quader	$ABCDEFGH$	1. Oktant

Quadrant	1.	2.	3.	4.	5.	6.	7.	8.
x-Koordinate (Abszisse)	+	–	–	+	+	–	–	+
y-Koordinate (Ordinate)	+	+	–	–	+	+	–	–
z-Koordinate (Applikate)	+	+	+	+	–	–	–	–

Vektor	Ein Vektor (häufig auch Spaltenvektor) ist ein n-Tupel, also eine geordnete Menge von n Zahlen oder anderen mathematischen Objekten, die in einer Spalte mit mehreren Zeilen z angegeben und von runden Klammern umschlossen werden. Vektoren werden in der Regel mit einem Kleinbuchstaben und einem darüberstehenden Pfeil benannt, z. B. $\vec{a}$. $$\vec{a}_{z \times 1} = \begin{pmatrix} a_1 \\ a_2 \\ \vdots \\ a_z \end{pmatrix}$$ *(handschriftlich:)* Para $\quad$ A $|\vec{a}| \cdot |\vec{b}| \cdot \sin\alpha$ $\quad$ Drei $\quad$ A $\frac{1}{2} \cdot \vec{a}^2 \cdot |\vec{b}| \cdot \sin\alpha$ $\quad$ ohne bei $\vec{b}$ Geometrisch ist ein Vektor die Menge aller Pfeile, die gleich lang und zueinander parallel sind und in die gleiche Richtung zeigen.

Dimension eines Vektors (Format)	Ein $(1 \times s)$-Zeilenvektor besteht aus einer Zeile und s Spalten. Ein $(z \times 1)$-Spaltenvektor besteht aus z Zeilen und einer Spalte.
Elemente eines Vektors (Komponenten)	Die in einem Vektor aufgeführten Zahlen heißen Elemente und werden in der Regel mit einem Kleinbuchstaben und ihrer Position in dem Vektor benannt, z. B. a_1 (siehe oben). Ein $(1 \times s)$-Zeilenvektor hat s Elemente. Ein $(z \times 1)$-Spaltenvektor hat z Elemente.

| **Betrag (Länge) eines Vektors** | **Ebene** $$\vec{a} = \begin{pmatrix} a_1 \\ a_2 \end{pmatrix} \Rightarrow |\vec{a}| = \sqrt{a_1^2 + a_2^2}$$ **Raum** $$\vec{a} = \begin{pmatrix} a_1 \\ a_2 \\ a_3 \end{pmatrix} \Rightarrow |\vec{a}| = \sqrt{a_1^2 + a_2^2 + a_3^2}$$ | Der Betrag des Vektors $\vec{a}$ ist die Länge eines seiner Pfeile und wird mit $|\vec{a}|$ bezeichnet. |

2.2 Besondere Vektoren

Transponierter Vektor	Wird ein (Spalten-)Vekor als Zeilenvektor dargestellt, so wird der neu entstandene Vektor als transponierter Vektor bezeichnet und in der Regel mit einem hochgestellten T gekennzeichnet, z. B. $\vec{a}^{\mathrm{T}}$. $$\vec{a}_{z \times 1} = \begin{pmatrix} a_1 \\ a_2 \\ \vdots \\ a_z \end{pmatrix} \Rightarrow \vec{a}^{\mathrm{T}}_{1 \times z} = (a_1 \quad a_2 \quad \dots \quad a_z)$$

Nullvektor	$$\vec{o} = \begin{pmatrix} 0 \\ 0 \\ \vdots \\ 0 \end{pmatrix}$$	Ein Vektor, bei dem alle Elemente 0 sind, heißt Nullvektor. Er wird mit $\vec{o}$ bezeichnet.
Einsvektor	$$\vec{e} = \begin{pmatrix} 1 \\ 1 \\ \vdots \\ 1 \end{pmatrix}$$	Ein Vektor, bei dem alle Elemente 1 sind, heißt Einsvektor. Er wird mit $\vec{e}$ bezeichnet.

Gegenvektor	$$\vec{a} + (-\vec{a}) = \begin{pmatrix} a_1 \\ a_2 \\ \vdots \\ a_z \end{pmatrix} + \begin{pmatrix} -a_1 \\ -a_2 \\ \vdots \\ -a_z \end{pmatrix} = \begin{pmatrix} 0 \\ 0 \\ \vdots \\ 0 \end{pmatrix} = \vec{o}$$ Ein Vektor, der addiert zum Vektor $\vec{a}$ den Nullvektor $\vec{o}$ ergibt, heißt Gegenvektor von $\vec{a}$ und wird mit $-\vec{a}$ bezeichnet.

Verbindungs- und Ortsvektor		Ein Verbindungsvektor ist ein Vektor, der die Punkte A und B miteinander verbindet (gerichtete Strecke). Man schreibt $\overrightarrow{AB}$. Der Vektor, der die Punkte B und A miteinander verbindet heißt **Gegenvektor $\overrightarrow{BA}$**. Ist der Ausgangspunkt der Ursprung, so nennt man den Verbindungsvektor zum Punkt P **Ortsvektor** und schreibt $\overrightarrow{OP}$.
Einheitsvektor	$$\vec{a}^0 = \frac{1}{\sqrt{a_1^2 + a_2^2 + \cdots a_z^2}} \cdot \vec{a} = \frac{1}{|\vec{a}|} \cdot \vec{a}$$	Ein Vektor mit dem Betrag 1 heißt Einheitsvektor. Einheitsvektoren werden mit einer hochgestellten 0 gekennzeichnet.

Basisvektor	Ebene	Raum
	$\vec{b}_x^{\,0} = \begin{pmatrix} 1 \\ 0 \end{pmatrix}, \vec{b}_y^{\,0} = \begin{pmatrix} 0 \\ 1 \end{pmatrix}$	$\vec{b}_x^{\,0} = \begin{pmatrix} 1 \\ 0 \\ 0 \end{pmatrix}, \vec{b}_y^{\,0} = \begin{pmatrix} 0 \\ 1 \\ 0 \end{pmatrix}, \vec{b}_z^{\,0} = \begin{pmatrix} 0 \\ 0 \\ 1 \end{pmatrix}$
	Mit den Basisvektoren kann jeder beliebige Vektor in der Ebene bzw. im Raum durch **skalare Multiplikation** dargestellt werden. Alle Basisvektoren sind **Einheitsvektoren**.	

2.3 Grundlegende Rechenoperationen

Addition und Subtraktion	Vektoren können nur dann addiert oder voneinander subtrahiert werden, wenn sie die gleiche Dimension haben. Die Addition bzw. Subtraktion wird elementweise durchgeführt.

$$\vec{a} \pm \vec{b} = \begin{pmatrix} a_1 \\ a_2 \\ \vdots \\ a_z \end{pmatrix} \pm \begin{pmatrix} b_1 \\ b_2 \\ \vdots \\ b_z \end{pmatrix} = \begin{pmatrix} a_1 + b_1 \\ a_2 \pm b_2 \\ \vdots \\ a_z \pm b_z \end{pmatrix}$$

Für alle Vektoren $\vec{a}$ und $\vec{b}$ gilt:

$\vec{a} + \vec{b} = \vec{b} + \vec{a}$ **Vertauschungsgesetz (Kommutativgesetz)**

$\vec{a} + (\vec{b} + \vec{c}) = (\vec{a} + \vec{b}) + \vec{c}$ **Verbindungsgesetz (Assoziativgesetz)**

- **Geometrische Veranschaulichung**

Addition	Subtraktion
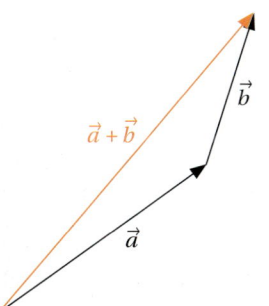	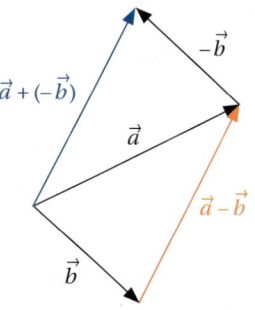

Skalare Multiplikation	Vektoren werden mit einem Skalar s multipliziert, indem jedes Element des Vektors mit dem Skalar multipliziert wird. Ein Skalar ist eine einzelne reelle Zahl.

$$s \cdot \vec{a} = s \cdot \begin{pmatrix} a_1 \\ a_2 \\ \vdots \\ a_z \end{pmatrix} = \begin{pmatrix} s \cdot a_1 \\ s \cdot a_2 \\ \vdots \\ s \cdot a_z \end{pmatrix}$$

Skalare Multiplikation *(Fortsetzung)*	Es gilt: • Für $s > 0$ hat der Pfeil von $s \cdot \vec{a}$ die s-fache Länge des Pfeils von $\vec{a}$ und zeigt in die gleiche Richtung. • Für $s < 0$ hat der Pfeil von $s \cdot \vec{a}$ die $|s|$-fache Länge des Pfeils von $\vec{a}$ und zeigt in die entgegengesetzte Richtung. Für alle Vektoren $\vec{a}$ und $\vec{b}$ und alle $r, s \in \mathbb{R}$ gilt: $s \cdot \vec{a} = \vec{a} \cdot s$ **Vertauschungsgesetz (Kommutativgesetz)** $s \cdot (\vec{a} + \vec{b}) = s \cdot \vec{a} + s \cdot \vec{b}$ **Verteilungsgesetz (Distributivgesetz)** $(r + s) \cdot \vec{a} = r \cdot \vec{a} + s \cdot \vec{a}$ **Verteilungsgesetz (Distributivgesetz)** $r \cdot (s \cdot \vec{a}) = (r \cdot s) \cdot \vec{a}$ **Verbindungsgesetz (Assoziativgesetz)** • **Geometrische Veranschaulichung** 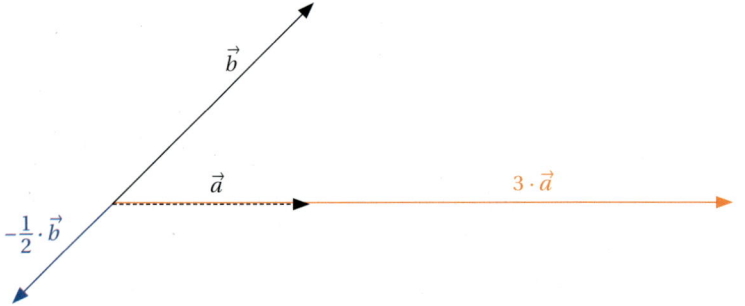
Skalarprodukt	Das Skalarprodukt der Vektoren $\vec{a}$ und $\vec{b}$ ist eine einzelne reelle Zahl (Skalar) s. Das Skalarprodukt kann nur berechnet werden, wenn die Anzahl der Elemente beider Vektoren identisch ist. Man schreibt $\vec{a} * \vec{b} = s$. Für die Vektoren $\vec{a} = \begin{pmatrix} a_1 \\ a_2 \\ \vdots \\ a_z \end{pmatrix}$ und $\vec{b} = \begin{pmatrix} b_1 \\ b_2 \\ \vdots \\ b_z \end{pmatrix}$ gilt: $$\vec{a} * \vec{b} = \begin{pmatrix} a_1 \\ a_2 \\ \vdots \\ a_z \end{pmatrix} * \begin{pmatrix} b_1 \\ b_2 \\ \vdots \\ b_z \end{pmatrix} = a_1 \cdot b_1 + a_2 \cdot b_2 + \cdots + a_z \cdot b_z = \sum_{i=1}^{z} a_i \cdot b_i = s$$ Für alle Vektoren $\vec{a}$, $\vec{b}$ und $\vec{c}$ und den Skalar $s \in \mathbb{R}$ gilt: $\vec{a} * \vec{b} = \vec{b} * \vec{a}$ **Vertauschungsgesetz (Kommutativgesetz)** $\vec{a} * (\vec{b} + \vec{c}) = \vec{a} * \vec{b} + \vec{a} * \vec{c}$ **Verteilungsgesetz (Distributivgesetz)** $\vec{a} * (s \cdot \vec{b}) = s \cdot (\vec{a} * \vec{b})$ **Verbindungsgesetz (Assoziativgesetz)**

| **Skalarprodukt** *(Fortsetzung)* | • **Geometrische Veranschaulichung (Projektion)** |

• **Geometrische Veranschaulichung (Projektion)**

spitzer Winkel $0° < \varphi = \sphericalangle\left(\vec{a}, \vec{b}\right) < 90°$

Das Skalarprodukt ist der Flächeninhalt des Rechtecks mit den Seitenlängen $|\vec{a}|$ und $|\vec{b}| \cdot \cos\varphi$.

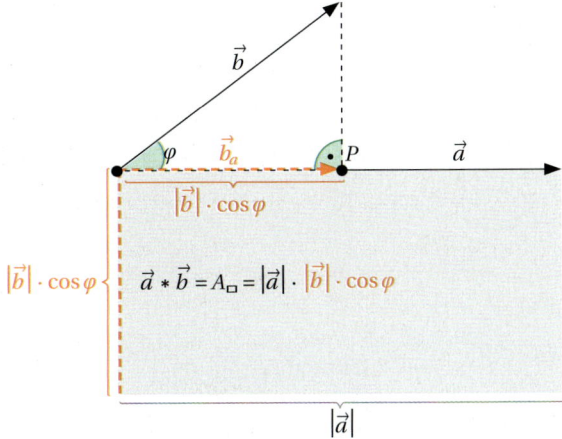

Die Länge der Strecke $\overline{OP}$ ist gleich der **Länge der Projektion von Vektor $\vec{b}$ in Richtung von Vektor $\vec{a}$**. Man schreibt $\vec{b}_a$.

• **Geometrische Veranschaulichung (Projektion)**

spitzer Winkel $90° < \varphi = \sphericalangle\left(\vec{a}, \vec{b}\right) < 180°$

Das Skalarprodukt ist der Flächeninhalt des Rechtecks mit den Seitenlängen $|\vec{a}|$ und $|\vec{b}| \cdot \cos\varphi$.

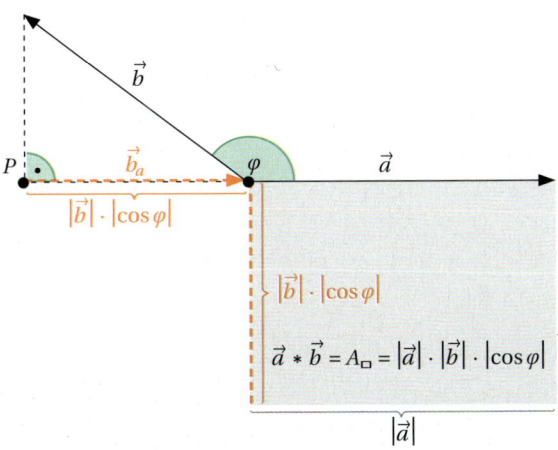

Die Länge der Strecke $\overline{PO}$ ist gleich der **Länge der Projektion des Vektors $\vec{b}$ in Richtung von Vektor $\vec{a}$**. Man schreibt $\vec{b}_a$.

2.4   Maße und Lagen

Abstand zweier Punkte (Länge eines Vektors)	• **In der Ebene:** 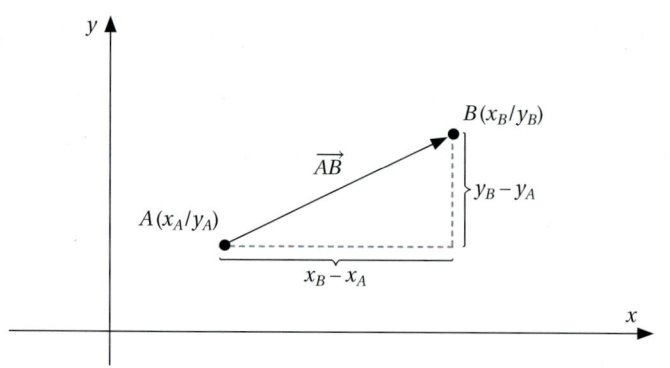 $$\left|\overrightarrow{AB}\right| = \sqrt{(x_B - x_A)^2 + (y_B - y_A)^2}$$ • **Im Raum:** 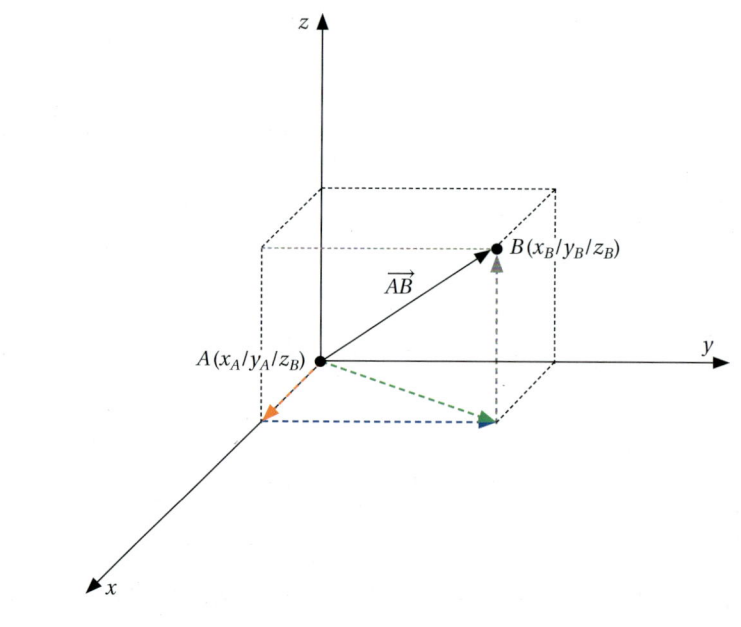 grüne Strecke: $\sqrt{(x_B - x_A)^2 + (y_B - y_A)^2}$ $$\left|\overrightarrow{AB}\right| = \sqrt{(x_B - x_A)^2 + (y_B - y_A)^2 + (z_B - z_A)^2}$$

Winkel zwischen Vektoren	Zwei vom Nullvektor verschiedene Vektoren $\vec{a}$ und $\vec{b}$ schließen den Winkel φ miteinander ein. Man schreibt $\sphericalangle\left(\vec{a},\vec{b}\right)$.

Für die Vektoren $\vec{a} = \begin{pmatrix} a_1 \\ a_2 \\ \vdots \\ a_z \end{pmatrix}$ und $\vec{b} = \begin{pmatrix} b_1 \\ b_2 \\ \vdots \\ b_z \end{pmatrix}$ und

$0° \leq \varphi = \sphericalangle\left(\vec{a},\vec{b}\right) < 180°$ gilt $\cos\varphi = \dfrac{\vec{a} * \vec{b}}{|\vec{a}| \cdot |\vec{b}|}$.

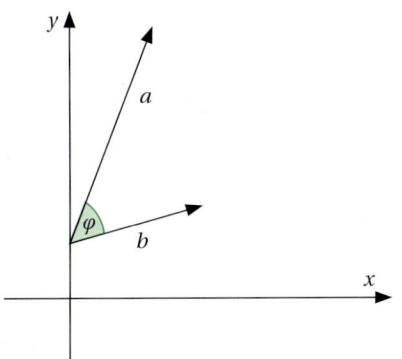

Winkel zwischen Vektoren und Basisvektoren (Koordinatenachsen)

Ein vom Nullvektor verschiedener Vektor $\vec{a}$ und die Basisvektoren

$\vec{b}_x^0 = \begin{pmatrix} 1 \\ 0 \\ 0 \end{pmatrix}, \vec{b}_y^0 = \begin{pmatrix} 0 \\ 1 \\ 0 \end{pmatrix}, \vec{b}_z^0 = \begin{pmatrix} 0 \\ 0 \\ 1 \end{pmatrix}$ schließen die Winkel α, β bzw. γ

miteinander ein.

Für den Vektoren $\vec{a} = \begin{pmatrix} a_x \\ a_y \\ a_z \end{pmatrix}$ und $\vec{b}_x^0 = \begin{pmatrix} 1 \\ 0 \\ 0 \end{pmatrix}$ gilt: $\cos\alpha = \dfrac{a_x}{|\vec{a}|}$.

Für den Vektoren $\vec{a} = \begin{pmatrix} a_x \\ a_y \\ a_z \end{pmatrix}$ und $\vec{b}_y^0 = \begin{pmatrix} 0 \\ 1 \\ 0 \end{pmatrix}$ gilt: $\cos\beta = \dfrac{a_y}{|\vec{a}|}$.

Für den Vektoren $\vec{a} = \begin{pmatrix} a_x \\ a_y \\ a_z \end{pmatrix}$ und $\vec{b}_z^0 = \begin{pmatrix} 0 \\ 0 \\ 1 \end{pmatrix}$ gilt: $\cos\gamma = \dfrac{a_z}{|\vec{a}|}$.

Kollinearität (Parallelität) zweier Vektoren	Zwei vom Nullvektor verschiedene Vektoren $\vec{a}$ und $\vec{b}$ sind kollinear (parallel) wenn sie jeweils als ein Vielfaches des anderen dargestellt werden können. Man schreibt $\vec{a} \| \vec{b}$. Es gilt: $\vec{a} = s \cdot \vec{b} \Leftrightarrow \vec{a} - s \cdot \vec{b} = \vec{o}$ oder $|\vec{a} * \vec{b}| = |\vec{a}| \cdot |\vec{b}|$ mit $\vec{a}, \vec{b} \neq \vec{o}$ 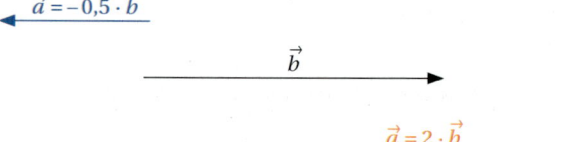 Für $s > 0$ sind die Vektoren gleichorientiert, das heißt, die Pfeile zeigen in die gleiche Richtung. Man schreibt $\vec{a} \uparrow\uparrow \vec{b}$. Für $s < 0$ sind die Vektoren entgegengesetzt orientiert, das heißt, die Pfeile zeigen in die entgegengesetzte Richtung. Man schreibt $\vec{a} \uparrow\downarrow \vec{b}$.
Orthogonalität zweier Vektoren	Zwei vom Nullvektor verschiedene Vektoren $\vec{a}$ und $\vec{b}$ sind orthogonal, wenn sie im Koordinatensystem senkrecht zueinander stehen. Man schreibt $\vec{a} \perp \vec{b}$. Für die Vektoren $\vec{a} = \begin{pmatrix} a_1 \\ a_2 \\ \vdots \\ a_z \end{pmatrix} \neq \vec{o}$ und $\vec{b} = \begin{pmatrix} b_1 \\ b_2 \\ \vdots \\ b_z \end{pmatrix} \neq \vec{o}$ gilt dann $\vec{a} * \vec{b} = a_1 \cdot b_1 + a_1 \cdot b_2 + \cdots + a_z \cdot b_z = 0$. 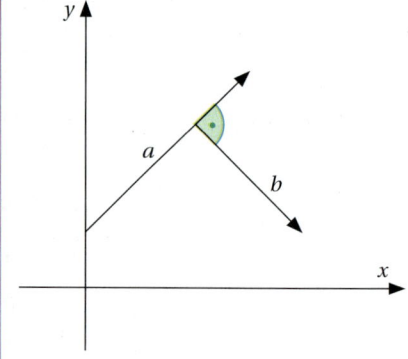

Lineare Algebra

1 Mathematische Zeichen und Symbole der linearen Algebra

Zeichen, Symbol	Sprechweise/Bedeutung	Beispiel
$\vec{v}$	Vektor $\vec{v}$ (Spaltenvektor)	$\vec{v} = \begin{pmatrix} 0,75 \\ 0,25 \end{pmatrix}$
$\vec{v}^{\mathrm{T}}$	transponierter Vektor $\vec{v}^{\mathrm{T}}$ (Zeilenvektor)	$\vec{v}^{\mathrm{T}} = (0,75 \ \ 0,25)$
$\vec{v}_\infty^{\mathrm{T}}$	(transponierter) Fixvektor	$\vec{v}_\infty^{\mathrm{T}} = \left(\frac{8}{15} \ \ \frac{7}{15} \right)$
A	Matrix A	$A = \begin{pmatrix} 0,3 & 0,7 \\ 0,8 & 0,2 \end{pmatrix}$
A^{T}	transponierte Matrix A	$A = \begin{pmatrix} 0,3 & 0,8 \\ 0,7 & 0,2 \end{pmatrix}$
A^{-1}	Inverse (Matrix) zur Matrix A	$A^{-1} = \begin{pmatrix} 0,4 & 1,4 \\ 1,6 & -0,6 \end{pmatrix}$
A_∞	Grenzmatrix A	$A_\infty = \begin{pmatrix} \frac{8}{15} & \frac{7}{15} \\ \frac{8}{15} & \frac{7}{15} \end{pmatrix}$
$A \vert \vec{v}$	Um den Vektor $\vec{v}$ erweiterte Matrix A	$A \vert \vec{v} = \left(\begin{array}{cc|c} 0,3 & 0,7 & 0,75 \\ 0,8 & 0,2 & 0,25 \end{array} \right)$
E	Einheitsmatrix E	$E_{3 \times 3} = \begin{pmatrix} 1 & 0 & 0 \\ 0 & 1 & 0 \\ 0 & 0 & 1 \end{pmatrix}$
O	Nullmatrix O	$O_{2 \times 3} = \begin{pmatrix} 0 & 0 & 0 \\ 0 & 0 & 0 \end{pmatrix}$
S	Sektorenmatrix S	$S = \begin{pmatrix} 4 & 15 \\ 8 & 5 \end{pmatrix}$
T	Technologiematrix T	$T = \begin{pmatrix} 0,2 & 0,3 \\ 0,4 & 0,1 \end{pmatrix}$
$(E - T)^{-1}$	Leontief-Inverse	$(E - T)^{-1} = \begin{pmatrix} \frac{3}{2} & \frac{1}{2} \\ \frac{2}{3} & \frac{4}{3} \end{pmatrix}$

2 Matrizen

2.1 Definitionen

Matrix	Eine Matrix ist eine geordnete Menge von $z \cdot s$ Zahlen oder anderen mathematischen Objekten, die in z Zeilen und s Spalten angegeben und von runden Klammern umschlossen werden. Die Zeilen und Spalten sind Tupel. Matrizen werden in der Regel mit einem Großbuchstaben benannt. Im Index wird häufig die Dimension der Matrix angegeben. $$A_{z \times s} = \begin{pmatrix} a_{11} & a_{12} & \cdots & a_{1s} \\ a_{21} & a_{22} & \cdots & a_{2s} \\ \vdots & \vdots & \ddots & \vdots \\ a_{z1} & a_{z2} & \cdots & a_{zs} \end{pmatrix}$$
Dimension (Format) einer Matrix	Eine $(z \times s)$-Matrix hat z Zeilen und s Spalten.
Elemente (Komponenten) einer Matrix	Die in einer Matrix aufgeführten Zahlen oder mathematischen Objekte heißen Elemente. Sie werden in der Regel mit dem zur Bezeichnung der Matrix passenden Kleinbuchstaben benannt. Im Index wird die Position des Elements in der Matrix angegeben, z. B. a_{21} (2. Zeile, 1. Spalte). Eine $(z \times s)$-Matrix hat $z \cdot s$ Elemente.

2.2 Besondere Matrizen

Quadratische Matrix	$A_{n \times n} = \begin{pmatrix} a_{11} & a_{12} & \cdots & a_{1n} \\ a_{21} & a_{22} & \cdots & a_{2n} \\ \vdots & \vdots & \ddots & \vdots \\ a_{n1} & a_{n2} & \cdots & a_{nn} \end{pmatrix}$	Ist bei einer Matrix die Anzahl der Zeilen z identisch mit der Anzahl der Spalten s und sind z und s nicht 1, so heißt die Matrix quadratische Matrix.
Einheitsmatrix	$E_{n \times n} = \begin{pmatrix} 1 & 0 & \cdots & 0 \\ 0 & 1 & \ddots & \vdots \\ \vdots & \ddots & \ddots & 0 \\ 0 & \cdots & 0 & 1 \end{pmatrix}$	Eine quadratische Matrix, bei der alle Elemente auf der Hauptdiagonalen 1 und alle übrigen Elemente 0 sind, heißt Einheitsmatrix. Sie wird mit E bezeichnet.
Diagonalmatrix	$D_{n \times n} = \begin{pmatrix} d_{11} & 0 & \cdots & 0 \\ 0 & d_{22} & \ddots & \vdots \\ \vdots & \ddots & \ddots & 0 \\ 0 & \cdots & 0 & d_{nn} \end{pmatrix}$	Eine quadratische Matrix, bei der alle Elemente außerhalb der Hauptdiagonalen 0 sind, heißt Diagonalmatrix. Jede Einheitsmatrix ist auch eine Diagonalmatrix.

Dreiecksmatrix	$A_{n \times n} = \begin{pmatrix} a_{11} & a_{12} & \cdots & a_{1n} \\ 0 & a_{22} & \ddots & \vdots \\ \vdots & \ddots & \ddots & a_{n-1;n} \\ 0 & \cdots & 0 & a_{nn} \end{pmatrix}$	Eine quadratische Matrix heißt **obere** Dreiecksmatrix, wenn alle Elemente unterhalb der Hauptdiagonalen 0 sind.
	$A_{n \times n} = \begin{pmatrix} a_{11} & 0 & \cdots & 0 \\ a_{21} & a_{22} & \ddots & \vdots \\ \vdots & \ddots & \ddots & 0 \\ a_{1n} & \cdots & a_{n;n-1} & a_{nn} \end{pmatrix}$	Eine quadratische Matrix heißt **untere** Dreiecksmatrix, wenn alle Elemente oberhalb der Hauptdiagonalen 0 sind.
Nullmatrix	$O_{z \times s} = \begin{pmatrix} 0 & 0 & \cdots & 0 \\ 0 & 0 & \cdots & 0 \\ \vdots & \vdots & \ddots & \vdots \\ 0 & 0 & \cdots & 0 \end{pmatrix}$	Sind bei einer Matrix beliebiger Dimension alle Elemente 0, so heißt die Matrix Nullmatrix. Sie wird mit O bezeichnet. Jede quadratische Nullmatrix ist auch eine Diagonalmatrix.
Transponierte Matrix	$A_{z \times s} = \begin{pmatrix} a_{11} & a_{12} & \cdots & a_{1s} \\ a_{21} & a_{22} & \cdots & a_{2s} \\ \vdots & \vdots & \ddots & \vdots \\ a_{z1} & a_{z2} & \cdots & a_{zs} \end{pmatrix}$ $A_{s \times z}^{\mathrm{T}} = \begin{pmatrix} a_{11} & a_{21} & \cdots & a_{z1} \\ a_{12} & a_{22} & \cdots & a_{z2} \\ \vdots & \vdots & \ddots & \vdots \\ a_{1s} & a_{2s} & \cdots & a_{zs} \end{pmatrix}$	Wird die Matrix A mit beliebiger Dimension „gespiegelt", so heißt die entstandene Matrix transponierte Matrix. Man schreibt dann A^{T}. Dabei wird die erste Spalte zur ersten Zeile, die zweite Spalte zur zweiten Zeile usw.

Inverse Matrix (Inverse)	Gibt es für eine quadratische Matrix A eine Matrix A^{-1}, für die gilt $A \cdot A^{-1} = A^{-1} \cdot A = E$, so heißt A^{-1} inverse Matrix von A oder nur Inverse. Nicht zu jeder quadratischen Matrix gibt es eine Inverse. Existiert zu einer quadratischen Matrix A eine Inverse, so heißt A **reguläre Matrix**. Existiert keine Inverse zu A, dann heißt A **singuläre Matrix**.
Inverse einer 2 × 2-Matrix	$A^{-1} = \dfrac{1}{ad - bc} \cdot \begin{pmatrix} d & -b \\ -c & a \end{pmatrix}$ mit $A = \begin{pmatrix} a & b \\ c & d \end{pmatrix}$

Linksseitige Multiplikation	**Rechtsseitige Multiplikation**
$A \cdot B = C \mid \cdot A^{-1}$ von links	$A \cdot B = C \mid \cdot B^{-1}$ von rechts
$\underbrace{A^{-1} \cdot A} \cdot B = A^{-1} \cdot C$	$A \cdot \underbrace{B \cdot B^{-1}} = C \cdot B^{-1}$
$\underbrace{E \cdot B} = A^{-1} \cdot C$	$\underbrace{A \cdot E} = C \cdot B^{-1}$
$B = A^{-1} \cdot C$	$A = C \cdot B^{-1}$

2.3 Grundlegende Rechenoperationen

Addition und Subtraktion	Matrizen können nur dann addiert oder voneinander subtrahiert werden, wenn sie die gleiche Dimension haben. Die Addition bzw. Subtraktion wird elementweise durchgeführt.

$$A \pm B = \begin{pmatrix} a_{11} & a_{12} & \cdots & a_{1s} \\ a_{21} & a_{22} & \cdots & a_{2s} \\ \vdots & \vdots & \ddots & \vdots \\ a_{z1} & a_{z2} & \cdots & a_{zs} \end{pmatrix} \pm \begin{pmatrix} b_{11} & b_{12} & \cdots & b_{1s} \\ b_{21} & b_{22} & \cdots & b_{2s} \\ \vdots & \vdots & \ddots & \vdots \\ b_{z1} & b_{z2} & \cdots & b_{zs} \end{pmatrix}$$

$$= \begin{pmatrix} a_{11} \pm b_{11} & a_{12} \pm b_{12} & \cdots & a_{1s} + b_{1s} \\ a_{21} \pm b_{21} & a_{22} \pm b_{22} & \cdots & a_{2s} + b_{2s} \\ \vdots & \vdots & \ddots & \vdots \\ a_{z1} \pm b_{z1} & a_{z2} \pm b_{z2} & \cdots & a_{zs} \pm b_{zs} \end{pmatrix}$$

Für alle Matrizen A und B gilt:

$A + B = B + A$ **Vertauschungsgesetz (Kommutativgesetz)**

$A + (B + C) = (A + B) + C$ **Verbindungsgesetz (Assoziativgesetz)**

Skalare Multiplikation	Matrizen werden mit einem Skalar s multipliziert, indem jedes Element der Matrix mit dem Skalar multipliziert wird. Ein Skalar ist eine einzelne reelle Zahl.

$$s \cdot A = s \cdot \begin{pmatrix} a_{11} & a_{12} & \cdots & a_{1s} \\ a_{21} & a_{22} & \cdots & a_{2s} \\ \vdots & \vdots & \ddots & \vdots \\ a_{z1} & a_{z2} & \cdots & a_{zs} \end{pmatrix} = \begin{pmatrix} s \cdot a_{11} & s \cdot a_{12} & \cdots & s \cdot a_{1s} \\ s \cdot a_{21} & s \cdot a_{22} & \cdots & s \cdot a_{2s} \\ \vdots & \vdots & \ddots & \vdots \\ s \cdot a_{z1} & s \cdot a_{z2} & \cdots & s \cdot a_{zs} \end{pmatrix}$$

Für alle Matrizen A und B und alle $r, s \in \mathbb{R}$ gilt:

$s \cdot (A + B) = s \cdot A + s \cdot B$ **Verteilungsgesetz (Distributivgesetz)**

$(r + s) \cdot A = r \cdot A + s \cdot A$ **Verteilungsgesetz (Distributivgesetz)**

Multiplikation von Vektoren	**Zeilenvektor mit Spaltenvektor**

Ein Zeilenvektor $\vec{a}^{\mathrm{T}}$ kann nur mit einem Spaltenvektor $\vec{b}$ multipliziert werden, wenn die Anzahl der Elemente beider Vektoren übereinstimmt. Das Ergebnis ist ein Skalar, also eine einzelne reelle Zahl.

$$\vec{a}^{\mathrm{T}}_{1 \times n} \cdot \vec{b}_{n \times 1} = (a_1 \ a_2 \ \cdots \ a_n) \cdot \begin{pmatrix} b_1 \\ b_2 \\ \vdots \\ b_n \end{pmatrix} = s$$

$$\vec{a}^{\mathrm{T}}_{1 \times n} \cdot \vec{b}_{n \times 1} = a_1 \cdot b_1 + a_2 \cdot b_2 + \cdots + a_n \cdot b_n = \sum_{i=1}^{n} a_i \cdot b_i = s$$

Spaltenvektor mit Spaltenvektor

Skalarprodukt siehe Seite 64.

Multiplikation von Matrix und Vektor	**Matrix mit Spaltenvektor**
	Eine Matrix B kann nur dann mit einem Spaltenvektor $\vec{a}$ multipliziert werden, wenn die Anzahl der Spalten der Matrix mit der Anzahl der Elemente des Spaltenvektors (Zeilen). Der Ergebnisvektor ist immer ein Spaltenvektor und hat immer so viele Elemente, wie die Ausgangsmatrix Zeilen hat.
	$$B_{z \times n} \cdot \vec{a}_{n \times 1} = \vec{c}_{z \times 1}$$
	$$\begin{pmatrix} b_{11} & b_{12} & b_{13} \\ b_{21} & b_{22} & b_{23} \end{pmatrix}_{2 \times 3} \cdot \begin{pmatrix} a_1 \\ a_2 \\ a_3 \end{pmatrix}_{3 \times 1} = \begin{pmatrix} b_{11} \cdot a_1 + b_{12} \cdot a_2 + b_{13} \cdot a_3 \\ b_{21} \cdot a_1 + b_{22} \cdot a_2 + b_{23} \cdot a_3 \end{pmatrix}_{2 \times 1}$$
Multiplikation von Matrix und Vektor	**Zeilenvektor mit Matrix**
	Ein Zeilenvektor $\vec{a}^T$ kann nur dann mit einer Matrix B multipliziert werden, wenn die Anzahl der Elemente des Zeilenvektors (Spalten) mit der Anzahl der Zeilen der Matrix übereinstimmt. Der Ergebnisvektor ist immer ein Zeilenvektor und hat immer so viele Elemente, wie die Ausgangsmatrix Spalten hat.
	$$\vec{a}^T_{1 \times n} \cdot B_{n \times s} = \vec{c}^T_{1 \times s}$$
	$$(a_1 \; a_2 \; a_3)_{1 \times 3} \cdot \begin{pmatrix} b_{11} & b_{12} \\ b_{21} & b_{22} \\ b_{31} & b_{32} \end{pmatrix}_{3 \times 2}$$
	$$= (a_1 \cdot b_{11} + a_2 \cdot b_{21} + a_3 \cdot b_{31} \quad a_1 \cdot b_{12} + a_2 \cdot b_{22} + a_3 \cdot b_{32})_{1 \times 2}$$
Multiplikation von Matrizen (falksches Schema)	Matrizen können nur dann miteinander multipliziert werden, wenn die Anzahl der Spalten der ersten Matrix mit der Anzahl der Zeilen der zweiten Matrix übereinstimmt. Die Ergebnismatrix hat immer so viele Zeilen wie die 1. Faktormatrix und so viele Spalten wie die 2. Faktormatrix. Es gilt $A_{z \times n} \cdot B_{n \times s} = C_{z \times s}$.
	Die Multiplikation von Matrizen kann mit dem nachfolgenden Schema (falksches Schema) durchgeführt werden.

$$
\begin{array}{c|cc}
 & b_{11} & b_{12} \\
 & b_{21} & b_{22} \\
\hline
\begin{array}{cc} a_{11} & a_{12} \end{array} & a_{11} \cdot b_{11} + a_{12} \cdot b_{21} & a_{11} \cdot b_{12} + a_{12} \cdot b_{22} \\
\begin{array}{cc} a_{21} & a_{22} \end{array} & a_{21} \cdot b_{11} + a_{22} \cdot b_{21} & a_{21} \cdot b_{12} + a_{22} \cdot b_{22}
\end{array}
$$

mit

$$A_{2 \times 2} = \begin{pmatrix} a_{11} & a_{12} \\ a_{21} & a_{22} \end{pmatrix}_{2 \times 2} \quad \text{und} \quad B_{2 \times 2} = \begin{pmatrix} b_{11} & b_{12} \\ b_{21} & b_{22} \end{pmatrix}_{2 \times 2}$$

Die Multiplikation von Matrizen ist nicht kommutativ.

Es gilt $A \cdot B \neq B \cdot A$.

3 Lineare Gleichungssysteme

Lineares Gleichungssystem (LGS)	Die Gesamtheit von z Gleichungen und s Unbekannten (Variablen) in der Form $a_{11} \cdot x_1 + a_{12} \cdot x_2 + \cdots + a_{1s} \cdot x_s = b_1$ $a_{21} \cdot x_1 + a_{22} \cdot x_2 + \cdots + a_{2s} \cdot x_s = b_2$ $\quad\vdots \qquad\quad \vdots \qquad\quad \vdots \qquad \vdots \qquad \vdots$ $a_{z1} \cdot x_1 + a_{z2} \cdot x_2 + \ldots + a_{zs} \cdot x_s = b_z$ heißt lineares Gleichungssystem (LGS).
LGS als Produkt einer Matrix und eines Spaltenvektors	$A \cdot \vec{x} = \vec{b}$ $$\begin{pmatrix} a_{11} & a_{12} & \cdots & a_{1s} \\ a_{21} & a_{22} & \cdots & a_{2s} \\ \vdots & \vdots & \ddots & \vdots \\ a_{z1} & a_{z2} & \cdots & a_{zs} \end{pmatrix} \cdot \begin{pmatrix} x_1 \\ x_2 \\ \vdots \\ x_s \end{pmatrix} = \begin{pmatrix} b_1 \\ b_2 \\ \vdots \\ b_z \end{pmatrix}$$
Koeffizientenmatrix	$$A = \begin{pmatrix} a_{11} & a_{12} & \cdots & a_{1s} \\ a_{21} & a_{22} & \cdots & a_{2s} \\ \vdots & \vdots & \ddots & \vdots \\ a_{z1} & a_{z2} & \cdots & a_{zs} \end{pmatrix}$$
Lösungsvektor	$$\vec{b} = \begin{pmatrix} b_1 \\ b_2 \\ \vdots \\ b_z \end{pmatrix}$$
Erweiterte Koeffizientenmatrix	$$A \mid \vec{b} = \left(\begin{array}{cccc|c} a_{11} & a_{12} & \cdots & a_{1s} & b_1 \\ a_{21} & a_{22} & \cdots & a_{2s} & b_2 \\ \vdots & \vdots & \ddots & \vdots & \vdots \\ a_{z1} & a_{z2} & \cdots & a_{zs} & b_z \end{array} \right)$$
Äquivalenzumformungen zum Lösen von LGS	1. Vertauschen von Zeilen der erweiterten Koeffizientenmatrix. 2. Multiplizieren einer oder mehrerer Zeilen der erweiterten Koeffizientenmatrix mit einem Faktor $r \in \mathbb{R}^*$. 3. Addieren oder Subtrahieren des Vielfachen einer Zeile der erweiterten Koeffizientenmatrix zu einer anderen Zeile.

4 Mehrstufige Produktionsprozesse

4.1 Darstellungsarten

Verflechtungs-diagramm (Gozintograph)	Beispiel für einen 2-stufigen Produktionsprozess mit den Rohstoffen R1, R2 und R3 den Zwischenprodukten Z1 und Z2 sowie den Endprodukten E1, E2 und E3.

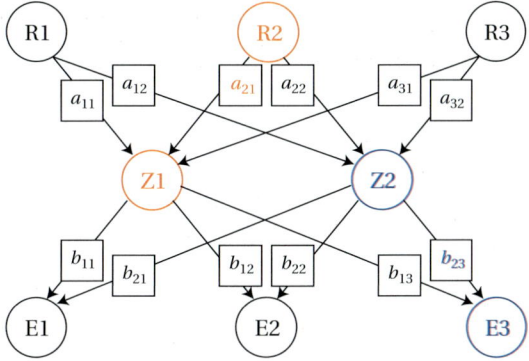

a_{21} gibt an, wie viele Mengeneinheiten des Rohstoffs R2 benötigt werden, um eine Mengeneinheit des Zwischenprodukts Z1 zu produzieren. Es gilt $a_{zs} \in \mathbb{R}_+$.

b_{23} gibt an, wie viele Mengeneinheiten des Zwischenprodukts Z2 benötigt werden, um eine Mengeneinheit des Endprodukts E3 zu produzieren. Es gilt $b_{zs} \in \mathbb{R}_+$.

Tabellen und Matrizen	Beispiel für einen 2-stufigen Produktionsprozess mit den Rohstoffen R1, R2 und R3 den Zwischenprodukten Z1 und Z2 sowie den Endprodukten E1, E2 und E3.

- **1. Produktionsstufe (Rohstoff → Zwischenprodukt)**

Rohstoff-Zwischenprodukt-Tabelle

	Z1	Z2
R1	a_{11}	a_{12}
R2	a_{21}	a_{22}
R3	a_{31}	a_{32}

Rohstoff-Zwischenprodukt-Matrix (1. Produktionsmatrix)

$$A_{RZ} = \begin{pmatrix} a_{11} & a_{12} \\ a_{21} & a_{22} \\ a_{31} & a_{32} \end{pmatrix}_{3 \times 2}$$

a_{21} gibt an, wie viele Mengeneinheiten des Rohstoffs R2 benötigt werden, um eine Mengeneinheit des Zwischenprodukts Z1 zu produzieren. Es gilt $a_{zs} \in \mathbb{R}_+$.

Tabellen und Matrizen *(Fortsetzung)*	• 2. Produktionsstufe (Zwischenprodukt → Endprodukt)

2. Produktionsstufe (Zwischenprodukt → Endprodukt)

Zwischenprodukt-Endprodukt-Tabelle

	E1	R2	E3
Z1	a_{11}	a_{12}	a_{13}
Z2	a_{21}	a_{22}	b_{23}

Zwischenprodukt-Endprodukt-Matrix (2. Produktionsmatrix)

$$B_{RZ} = \begin{pmatrix} b_{11} & b_{12} & b_{13} \\ b_{21} & b_{22} & b_{23} \end{pmatrix}_{2 \times 3}$$

b_{23} gibt an, wie viele Mengeneinheiten des Zwischenprodukts Z2 benötigt werden, um eine Mengeneinheit des Endprodukts E3 zu produzieren. Es gilt $b_{zs} \in \mathbb{R}_+$.

• **Bedarfsmatrix (Rohstoff → Endprodukt)**

Rohstoff-Endprodukt-Tabelle

	E1	R2	E3
R1	c_{11}	c_{12}	c_{13}
R2	c_{21}	c_{22}	c_{23}
R2	c_{31}	c_{32}	c_{33}

Rohstoff-Endprodukt-Matrix (Bedarfsmatrix)

$$C_{RE} = A_{RZ} \cdot B_{ZE}$$

$$C_{RE} = \begin{pmatrix} c_{11} & c_{12} & c_{13} \\ c_{21} & c_{22} & c_{23} \\ c_{31} & c_{32} & c_{33} \end{pmatrix}_{3 \times 3}$$

c_{13} gibt an, wie viele Mengeneinheiten des Rohstoffs R1 benötigt werden, um eine Mengeneinheit des Endprodukts E3 zu produzieren. Es gilt $c_{zs} \in \mathbb{R}_+$.

4.2 Mengenvektoren

Produktions-mengenvektor	$\vec{m} = \begin{pmatrix} m_1 \\ m_2 \\ \vdots \\ m_n \end{pmatrix}$	Der Produktionsmengenvektor $\vec{m}$ ist ein Spaltenvektor und gibt an, wie viele Mengeneinheiten m_1 bis m_n der Endprodukte E1 bis En produziert werden sollen.
Rohstoff-bedarfsvektor	$\vec{r} = C_{RE} \cdot \vec{m} = \begin{pmatrix} r_1 \\ r_2 \\ \vdots \\ r_n \end{pmatrix}$	Der Rohstoffbedarfsvektor $\vec{r}$ ist ein Spaltenvektor und gibt an, wie viele Mengeneinheiten r_1 bis r_n der Rohstoffe R1 bis Rn für die Produktion von m_1 bis m_n Mengeneinheiten der Endprodukte E1 bis En benötigt werden.

4.3 Produktionskosten und Gewinn

Rohstoff-kostenvektor	$\vec{k}_R^T = (k_{R1} \ \ k_{R2} \ \cdots \ k_{Rn})$	Der Rohstoffkostenvektor $\vec{k}_R^T$ ist ein Zeilenvektor und gibt die Rohstoffpreise k_{R1} bis k_{Rn} für jeweils eine Mengeneinheit der Rohstoffe R1 bis Rn an.
Zwischen-produkt-kostenvektor	$\vec{k}_Z^T = (k_{Z1} \ \ k_{Z2} \ \cdots \ k_{Zn})$	Der Zwischenproduktkosten-vektor $\vec{k}_Z^T$ ist ein Zeilenvektor und gibt die Kosten k_{Z1} bis k_{Zn} für die Produktion von jeweils einer Mengeneinheit der Zwischenprodukte Z1 bis Zn an.
Endprodukt-kostenvektor	$\vec{k}_E^T = (k_{E1} \ \ k_{E2} \ \cdots \ k_{En})$	Der Endproduktkostenvektor $\vec{k}_E^T$ ist ein Zeilenvektor und gibt die Kosten k_{E1} bis k_{En} der Verarbeitung für jeweils eine Mengeneinheit der Endprodukte E1 bis En an.
Endprodukt-Rohstoff-Kostenvektor	$\vec{k}_{RE}^T = \vec{k}_R^T \cdot C_{RE}$ bzw. $\vec{k}_{RE}^T = \vec{k}_R^T \cdot A_{RZ} \cdot B_{ZE}$	Der Endprodukt-Rohstoff-Kostenvektor $\vec{k}_{RE}^T$ ist ein Zeilenvektor und gibt die Kosten für die Rohstoffe für jeweils eine Mengeneinheit der Endprodukte E1 bis En an.
Endprodukt-Zwischen-produkt-Kostenvektor	$\vec{k}_{ZE}^T = \vec{k}_Z^T \cdot B_{ZE}$	Der Endprodukt-Zwischenprodukt-Kostenvektor $\vec{k}_{ZE}^T$ ist ein Zeilenvektor und gibt die Kosten für die Zwischenprodukte für jeweils eine Mengeneinheit der Endprodukte E1 bis En an.
Variable Stückkosten	$\vec{k}_v^T = \vec{k}_{RE}^T + \vec{k}_{ZE}^T + \vec{k}_E^T$ bzw. $k_v^T = k_R^T \cdot C_{RE} + k_Z^T \cdot B_{ZE} + k_E^T$	Der Vektor der variablen Stückkosten $\vec{k}_v^T$ ist ein Zeilenvektor und gibt die Kosten für die Produktion von jeweils einer Mengeneinheit der Endprodukte E1 bis En an.
Variable Gesamtkosten	$K_v = \vec{k}_v^T \cdot \vec{m}$ bzw. $K_v = (\vec{k}_R^T \cdot C_{RE} + \vec{k}_Z^T \cdot B_{ZE} + \vec{k}_E^T) \cdot \vec{m}$	Die variablen Gesamtkosten K_v sind ein Skalar der angibt, wie viel die Produktion von m_1 bis m_n Mengeneinheiten der Endprodukte E1 bis En insgesamt ohne die Fixkosten K_f kostet.
Gesamtkosten	$K = K_v + K_f$	Die Gesamtkosten K geben an, wie viel die Produktion der gesamten Produktionsmenge inklusive der Fixkosten K_f kostet.

(Verkaufs-)Preisvektor	$\vec{p}^{\mathrm{T}} = (p_1 \ p_2 \ \cdots \ p_n)$	Der Preisvektor ist ein Zeilenvektor und gibt an, wie hoch die Verkaufspreise p_1 bis p_n von jeweils einer Mengenheit der Endprodukte E1 bis En sind.
Erlös	$E = \vec{p}^{\mathrm{T}} \cdot \vec{m} = (p_1 \ p_2 \ \cdots \ p_n) \cdot \begin{pmatrix} m_1 \\ m_2 \\ \vdots \\ m_n \end{pmatrix}$	Der Erlös ist ein Skalar. Er gibt an, wie hoch die Gesamterlöse für m_1 bis m_n Mengeneinheiten der Endprodukte E1 bis En sind. Es wird davon ausgegangen, dass die produzierten Mengen immer vollständig zu den Preisen p_1 bis p_n abgesetzt werden können.
Gewinn	$G = E - K$ bzw. $G = [\vec{p}^{\mathrm{T}} - \left[\left(\vec{k}_{\mathrm{R}}^{\mathrm{T}} \cdot \boldsymbol{A}_{\mathrm{RZ}} \cdot \boldsymbol{B}_{\mathrm{ZE}} + \vec{k}_{\mathrm{Z}}^{\mathrm{T}} \cdot \boldsymbol{B}_{\mathrm{ZE}} + \vec{k}_{\mathrm{E}}^{\mathrm{T}} \right) \right] \cdot \vec{m} - K_{\mathrm{f}}$	

5 Käufer- und Wählerverhalten

Übergangsgraph	Beispiel mit den drei Alternativen A1, A2 und A3: 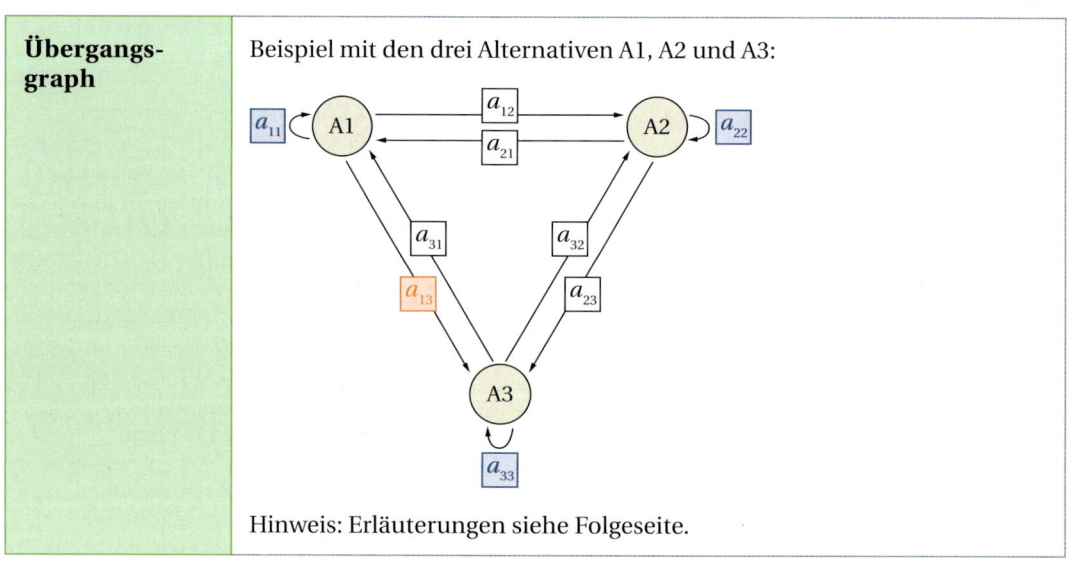 Hinweis: Erläuterungen siehe Folgeseite.

Übergangs- tabelle und Übergangs- matrix	Übergangstabelle				Übergangsmatrix A

	↱	**A1**	**A2**	**A3**
	A1	a_{11}	a_{12}	a_{13}
	A2	a_{21}	a_{22}	a_{23}
	A2	a_{31}	a_{32}	a_{33}

$$A = \begin{pmatrix} a_{11} & a_{12} & a_{13} \\ a_{21} & a_{22} & a_{23} \\ a_{31} & a_{32} & a_{33} \end{pmatrix}$$

$a_{zs} \in [0; 1]$

Die Elemente der Hauptdiagonalen geben die relativen Anteile der Stammkäufer bzw. Stammwähler wieder.

Das Element a_{13} gibt den prozentualen Anteil der Käufer bzw. Wähler an, die von A1 zu A3 wechseln.

Die Übergangsmatrix A ist immer eine quadratische Matrix mit so vielen Zeilen z und Spalten s wie es Alternativen gibt.

Die Zeilensumme ist immer 1 bzw. 100 % (**stochastische Matrix**).

Ausgangs-vektor (Anfangs-verteilung)

$\vec{v}_0^{\mathrm{T}} = (v_1 \;\; v_2 \;\; \dots \;\; v_n)$

Der Ausgangsvektor $\vec{v}_0^{\mathrm{T}}$ ist ein Zeilenvektor und hat immer so viele Elemente, wie es Alternativen gibt.

Es gilt $0 \le v_i \le 1$ und $\sum_{i=1}^{n} v_i = 1$.

Verteilung nach n Perioden

$\vec{v}_1^{\mathrm{T}} = \qquad\qquad \vec{v}_0^{\mathrm{T}} \cdot A$

$\vec{v}_2^{\mathrm{T}} = \vec{v}_1^{\mathrm{T}} \cdot A = \quad \vec{v}_0^{\mathrm{T}} \cdot A \cdot A = \qquad\quad \vec{v}_0^{\mathrm{T}} \cdot A^2$

$\vec{v}_3^{\mathrm{T}} = \vec{v}_2^{\mathrm{T}} \cdot A = \quad \vec{v}_0^{\mathrm{T}} \cdot A \cdot A \cdot A = \qquad \vec{v}_0^{\mathrm{T}} \cdot A^3$

$\vec{v}_n^{\mathrm{T}} = \vec{v}_{n-1}^{\mathrm{T}} \cdot A = \vec{v}_0^{\mathrm{T}} \cdot A \cdot A \cdot \dots \cdot A = \vec{v}_0^{\mathrm{T}} \cdot A^n$

Fixvektor

$\vec{v}_\infty^{\mathrm{T}} = \lim\limits_{n \to \infty} \vec{v}_0^{\mathrm{T}} \cdot A^n$

$\left(x_1 \;\; 1{-}x_1 \right) \cdot \left(A \right) = \left(x_1 \;\; 1{-}x_1 \right)$

Entsteht nach theoretisch unendlich vielen Perioden eine stationäre Verteilung, so lässt sich diese durch den Fixvektor $\vec{v}_\infty^{\mathrm{T}}$ beschreiben. Dabei ist $\vec{v}_0^{\mathrm{T}}$ die Anfangsverteilung und A die stochastische Matrix, die das Wechselverhalten der Beteiligten angibt.

Der Fixvektor $\vec{v}_\infty^{\mathrm{T}}$ ist ein Zeilenvektor und hat immer so viele Elemente, wie es Alternativen gibt. Die Elemente v_1 bis v_n geben dann die langfristig zu erwartenden Anteile an.

Es gilt $0 \le v_i \le 1$ und $\sum_{i=1}^{n} v_i = 1$.

Algebraische Bestimmung des Fixvektors

$$(v_1 \;\; v_2 \;\; \cdots \;\; v_n) \cdot \begin{pmatrix} a_{11} & a_{12} & \cdots & a_{1n} \\ a_{21} & a_{22} & \cdots & a_{2n} \\ \vdots & \vdots & \ddots & \vdots \\ a_{n1} & a_{n2} & \cdots & a_{nn} \end{pmatrix} = (v_1 \;\; v_2 \;\; \cdots \;\; v_n)$$

mit

$v_n = 1 - (v_1 + v_2 + \cdots + v_{n-1})$

Grenzmatrix	$A_\infty = \lim\limits_{n \to \infty} A^n = \begin{pmatrix} v_1 & v_2 & \cdots & v_n \\ v_1 & v_2 & \cdots & v_n \\ \vdots & \vdots & \ddots & \vdots \\ v_1 & v_2 & \cdots & v_n \end{pmatrix}$ mit $(v_1 \;\; v_2 \;\; \cdots \;\; v_n) = \vec{v}_\infty^{\,\mathrm{T}}$

Existiert ein Grenzwert zu dem Ausdruck $\lim\limits_{n \to \infty} A^n$, so wird das Ergebnis Grenzmatrix A_∞ genannt.

Dabei gibt jede der identischen Zeilen der Grenzmatrix den Fixvektor $\vec{v}_\infty^{\,\mathrm{T}}$ wieder. Die Elemente v_1 bis v_n der Grenzmatrix A_∞ geben dann die langfristig zu erwartenden Anteile an.

Es gilt $0 \le v_i \le 1$ und $\sum\limits_{i=1}^{n} v_i = 1$.

6 Leontief-Modell

Verflechtungs-diagramm	Beispiel mit den drei Sektoren S1, S2 und S3 und dem Konsum K.

Variante 1:

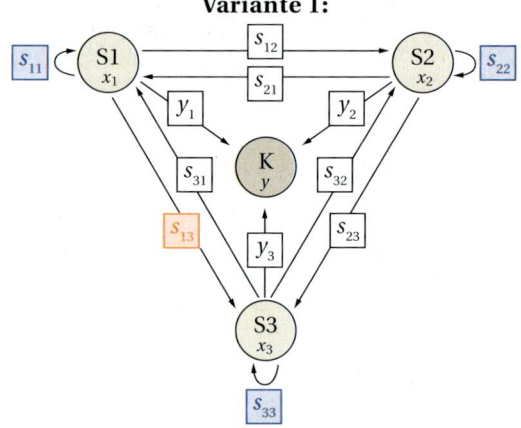

Variante 2:

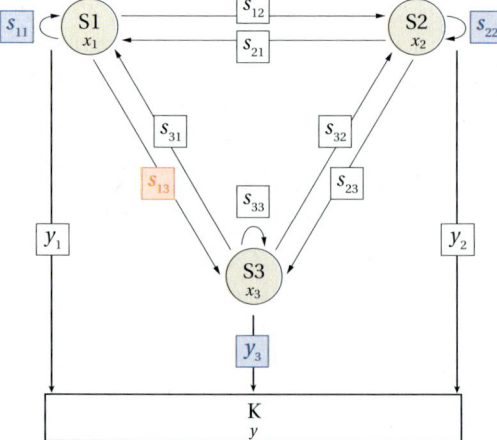

Hinweis: Erläuterungen auf der Folgeseite.

Verflechtungs-diagramm *(Fortsetzung)*	Für beide Varianten gilt: $x_1 = s_{11} + s_{12} + s_{13} + y_1$ $x_2 = s_{21} + s_{22} + s_{23} + y_2$ $x_3 = s_{31} + s_{32} + s_{33} + y_3$ $y = y_1 + y_2 + y_3$	x : Produktion y : Konsum

Sektortabelle und Sektor-matrix	• **Sektortabelle**	• **Sektormatrix S**

↗	S1	S2	S3
S1	s_{11}	s_{12}	s_{13}
S2	s_{21}	s_{22}	s_{23}
S2	s_{31}	s_{32}	s_{33}

$$S = \begin{pmatrix} s_{11} & s_{12} & s_{13} \\ s_{21} & s_{22} & s_{23} \\ s_{31} & s_{32} & s_{33} \end{pmatrix}$$

Die Elemente der Hauptdiagonalen geben den Eigenverbrauch in Geldeinheiten wieder.

Das Element s_{13} gibt an, wie viel der Sektor S1 an den Sektor S3 liefert.

Die Sektorenmatrix S ist immer eine quadratische Matrix mit so vielen Zeilen z und Spalten s wie es Sektoren gibt.

Input-Output-Tabelle	Beispiel mit den drei Sektoren S1, S2 und S3 und dem Konsum K.

↗	S1	S2	S3	$y_i = K$	x_i
S1	s_{11}	s_{12}	s_{13}	y_1	$x_1 = s_{11} + s_{12} + s_{13} + y_1$
S2	s_{21}	s_{22}	s_{23}	y_2	$x_2 = s_{21} + s_{22} + s_{23} + y_2$
S2	s_{31}	s_{32}	s_{33}	y_3	$x_3 = s_{31} + s_{32} + s_{33} + y_3$

Konsumabgabe	$y_i = x_i - (s_{i1} + s_{i2} + s_{i3})$	Die Konsumabgabe y_i jedes Sektors ist die Differenz aus seiner Gesamtproduktion und der Summe der zu dem Sektor gehörigen Liefermengen.

Konsum-abgabenquote	$KQ = \dfrac{\text{Gesamtkonsum}}{\text{Gesamtproduktion}} = \dfrac{\sum\limits_{i=1}^{z} y_i}{\sum\limits_{i=1}^{z} x_i}$	

Wertschöpfung eines Sektors	$W_i = x_i - (s_{1i} + s_{2i} + s_{3i})$	Die Wertschöpfung W_i eines Sektors ist die Differenz aus seiner Gesamtproduktion und der Summe der zu dem Sektor gehörigen Vorleistungen.

Technologie-matrix (Inputmatrix)	Beispiel mit den drei Sektoren S1, S2 und S3: $$T = \begin{pmatrix} \frac{s_{11}}{x_1} & \frac{s_{12}}{x_2} & \frac{s_{13}}{x_3} \\ \frac{s_{21}}{x_1} & \frac{s_{22}}{x_2} & \frac{s_{23}}{x_3} \\ \frac{s_{31}}{x_1} & \frac{s_{32}}{x_2} & \frac{s_{33}}{x_3} \end{pmatrix} = \begin{pmatrix} t_{11} & t_{12} & t_{13} \\ t_{21} & t_{22} & t_{23} \\ t_{31} & t_{32} & t_{33} \end{pmatrix} \text{ mit } t_{zs} \geq 0$$ Die Matrix T heißt Technologiematrix. Ihre Elemente werden als **Produktionskoeffizienten** bezeichnet. Die Elemente der Hauptdiagonalen geben den Eigenverbrauch in Geldeinheiten wieder. Das Element $t_{13} = \frac{s_{13}}{x_3}$ gibt an, wie viel der Gesamtproduktion von S3 durch den Sektor S1 geliefert werden muss, damit der Sektor S3 Waren, Güter oder Dienstleistungen im Wert von 1 Geldeinheiten produzieren kann.

Leontief-Inverse	$(E - T)^{-1}$ Polypol= P(x) , x=E Mono = mx+b|Rx = E	Wenn die Leontief-Inverse existiert (nur in diesem Fall ist das Gleichungssystem $\vec{x} = (E - T)^{-1} \cdot \vec{y}$ eindeutig lösbar) und keine negativen Elemente enthält (nur in diesem Fall enthält der Gesamtproduktionsvektor $\vec{x}$ ausschließlich positive Elemente), dann kann jede beliebige Nachfragemenge (Konsum) befriedigt werden.
Konsumvektor	$\vec{y} = \vec{x} - T \cdot \vec{x} = (E - T) \cdot \vec{x}$ $$\vec{y} = \begin{pmatrix} y_1 \\ y_2 \\ \vdots \\ y_z \end{pmatrix} \text{ mit } y_i \geq 0$$	Der Konsumvektor gibt die von den Sektoren zum Konsum zur Verfügung gestellten Mengen in Geldeinheiten an. Er hat so viele Elemente wie es Sektoren gibt.
Gesamtproduktionsvektor	$\vec{x} = (E - T)^{-1} \cdot \vec{y}$ $$\vec{x} = \begin{pmatrix} x_1 \\ x_2 \\ \vdots \\ x_z \end{pmatrix} \text{ mit } x_i \geq 0$$	Der Gesamtproduktionsvektor gibt die von den Sektoren erzeugte Menge in Geldeinheiten an. Er hat so viele Elemente wie es Sektoren gibt.

Stochastik

1 Mathematische Zeichen und Symbole der Stochastik

Zeichen, Symbol	Sprechweise/Bedeutung	Beispiel
n	Stichprobenumfang	$n = 100$
x_i	Merkmalsausprägung eines Merkmals	$x_1 = 2$
n_i	absolute Häufigkeit einer Merkmalsausprägung	$n_1 = 8$
$h(x_i)$	relative Häufigkeit einer Merkmalsausprägung	$h(2) = \frac{8}{100} = 0{,}08$
x_{min}	kleinste Merkmalsausprägung	$x_{min} = 2$
x_{max}	größte Merkmalsausprägung	$x_{max} = 6$
R	Spannweite	$R = x_{max} - x_{min} = 6 - 2 = 4$
x_{Mod}	Modalwert Merkmalsausprägung mit der größten Häufigkeit	
$\bar{x}$	x quer arithmetisches Mittel, Mittelwert, Durchschnittswert	$x = \frac{2+4+6}{3} = 4$
x_{Med}	Median, Zentralwert, mittlerer Wert einer geordneten Stichprobe	
s^2	empirische Varianz, mittlere quadratische Abweichung	$s^2 = 25$
s	empirische Standardabweichung	$s = \sqrt{s^2} = \sqrt{25} = 5$
$\sum$	Summe	
$\sum_{i=1}^{n} x_i$	Summe aller x_i von $i = 1$ bis $i = n$	$\sum_{i=1}^{3} x_i = 1 + 2 + 3 = 6$
$\cup$	vereinigt mit; Zusammenfügen von Mengen	$\{1; 2\} \cup \{2; 3; 4\} = \{1; 2; 3; 4\}$

Zeichen, Symbol	Sprechweise/Bedeutung	Beispiel
$\cap$	geschnitten mit; Gemeinsamkeiten von Mengen	$\{1; 2\} \cap \{2; 3; 4\} = \{2\}$
$\subseteq$	ist Teilmenge von	$\{1; 2; 3\} \subseteq \{1; 2; 3; 4\}$
$\subset$	ist *echte* Teilmenge von	$\{1; 2\} \subset \{1; 2; 3; 4\}$; $\mathbb{N} \subset \mathbb{Z}$
e	Ergebnis	
S	Ergebnismenge	$S = \{e_1; e_2; e_3; \ldots e_n\}$
$|S|$	Anzahl aller möglichen Ergebnisse	$S = \{a; b; c; d; e\} \Rightarrow |S| = 5$
E	Ereignis	
$\overline{E}$	nicht E, Gegenereignis	
$|E|$	Anzahl aller günstigen Ergebnisse	
$P(E)$	Wahrscheinlichkeit des Ereignisses E	
$P_B(A)$	Wahrscheinlichkeit für das Ereignis A unter der Bedingung, dass B bereits eingetreten ist	
$!$	Fakultät	$3! = 3 \cdot 2 \cdot 1 = 6$
$\binom{n}{k}$	n über k, Binomialkoeffizient	$\binom{n}{k} = \dfrac{n!}{k! \cdot (n-k)!}$
$\mapsto$	wird zugeordnet	$x_i \mapsto P(X = x_i)$
$\varphi(x)$	phi von x, Dichtefunktion der Normalverteilung	$\varphi(x) = \dfrac{1}{\sigma \cdot \sqrt{2\pi}} \cdot e^{-\frac{1}{2}\left(\frac{x-\mu}{\sigma}\right)^2}$
$\Phi(x)$	Phi von x, Verteilungsfunktion der Normalverteilung	$\Phi(x) = \displaystyle\int_{-\infty}^{x} \dfrac{1}{\sigma \cdot \sqrt{2\pi}} \cdot e^{-\frac{1}{2}\left(\frac{x-\mu}{\sigma}\right)^2}\, dx$
$\displaystyle\int_a^b f(x)\, dx$	Integral f von x dx von a bis b	$\displaystyle\int_a^b f(x)\, dx = \left[F(x)\right]_a^b = F(b) - F(a)$

2 Beschreibende Statistik

2.1 Häufigkeiten

Absolute Häufigkeit	n_i	$n_i \in \mathbb{N}$
Relative Häufigkeit	$h(x_i) = \dfrac{n_i}{n}$	$0 \leq h(x_i) \leq 1$; Stichprobenumfang $n \in \mathbb{N}^*$

2.2 Lagemaße

Modalwert	Der Modalwert x_{Mod}, auch **Modus** genannt, ist die Merkmalsausprägung mit der größten Häufigkeit.	
Modalklasse	Bei **klassierten Daten** heißt die Klasse mit der größten Häufigkeit Modalklasse.	
Arithmetisches Mittel	• für **ungruppierte Daten:** $\bar{x} = \dfrac{x_1 + x_2 + x_3 + \ldots + x_n}{n}$ oder: $\bar{x} = \dfrac{1}{n} \displaystyle\sum_{i=1}^{n} x_i$ • für **gruppierte Daten mit absoluten Häufigkeiten:** $\bar{x} = \dfrac{1}{n} \displaystyle\sum_{i=1}^{k} x_i \cdot n_i$ • für **gruppierte Daten mit relativen Häufigkeiten:** $\bar{x} = \displaystyle\sum_{i=1}^{k} x_i \cdot h(x_i)$ • bei **klassierten Daten:** Als Merkmalsausprägungen werden die jeweiligen Klassenmitte x_i^* verwendet.	$k < n$ k gibt die Anzahl der unterschiedlichen Merkmalsausprägungen an. x_i^*: Klassenmitte mit $x_i^* = \dfrac{x_i^u + x_i^o}{2}$ x_i^u: kleinster Klassenwert x_i^o: größter Klassenwert

Median	Der Median x_{Med} (auch **Zentralwert** oder **mittlerer Wert**) ist der in der Mitte stehende Wert einer **geordneten Stichprobe**. Eine Stichprobe heißt geordnet, wenn die Merkmalsausprägungen der Größe nach aufsteigend geordnet sind.	
	$x_{\text{Med}} = x_{\frac{n+1}{2}}$	Bei einem **ungeradem Stichprobenumfang** n: der in der Mitte stehende Wert
	$x_{\text{Med}} = \dfrac{1}{2}\left(x_{\frac{n}{2}} + x_{\frac{n}{2}+1}\right)$	Bei **einem geraden Stichprobenumfang** n: das arithmetische Mittel aus den beiden in der Mitte stehenden Werten
Medianklasse	<ul><li>**Bei klassierten Daten mit absoluten** Häufigkeiten heißt die Klasse, in der die aufsummierten absoluten Häufigkeiten den Wert $\frac{n}{2}$ erreichen bzw. überschreiten, Medianklasse.</li><li>**Bei klassierten Daten mit relativen Häufigkeiten** heißt die Klasse, in der die aufsummierten relativen Häufigkeiten den Wert 0,5 erreichen bzw. überschreiten, Medianklasse.</li></ul>	

2.3 Streumaße

Spannweite	<ul><li>$R = x_{\max} - x_{\min}$</li></ul> <ul><li>bei **klassierten Daten:** $R = x_k^o - x_1^u$</li></ul>	$x_{\max}$: größte Merkmalsausprägung $x_{\min}$: kleinste Merkmalsausprägung x_k^o: obere Klassengrenze der obersten Klasse x_1^u: untere Klassengrenze der untersten Klasse
Mittlere quadratische Abweichung (empirische Varianz)	<ul><li>für **ungruppierte Daten:** $s^2 = \dfrac{1}{n}\sum\limits_{i=1}^{n}(x_i - \bar{x})^2$</li></ul> <ul><li>für **gruppierte Daten mit absoluten Häufigkeiten** n_i: $s^2 = \dfrac{1}{n}\sum\limits_{i=1}^{k}(x_i - \bar{x})^2 n_i$</li></ul> <ul><li>für **gruppierte Daten mit relativen Häufigkeiten** $h(x_i)$: $s^2 \sum\limits_{i=1}^{k}(x_i - \bar{x})^2 h(x_i)$</li></ul>	Bei der Berechnung der mittleren quadratischen Abweichung werden die Abweichungen der Merkmalsausprägungen vom Mittelwert quadriert. Damit wird auch die Einheit des Merkmals quadriert und die Aussagekraft der mittleren quadratischen Abweichung als Streumaß ist gering. Die Kennzahl wird aber zur Berechnung der empirischen Standardabweichung benötigt (s. Folgeseite). n: Stichprobenumfang k: Anzahl der unterschiedlichen Merkmalsausprägungen

Mittlere quadratische Abweichung *(Fortsetzung)*	• bei **klassierten Daten:** Als Merkmalsausprägungen werden die **Klassenmitten** x_i^* verwendet.	x_i^*: Klassenmitte
Empirische Standard- abweichung	$s = \sqrt{s^2}$ • für **ungruppierte Daten:** $$s = \sqrt{\frac{1}{n} \sum_{i=1}^{n} (x_i - \overline{x})^2}$$ • für **gruppierte Daten mit absoluten Häufigkeiten n_i:** $$s = \sqrt{\frac{1}{n} \sum_{i=1}^{k} (x_i - \overline{x})^2\, n_i}$$ • für **gruppierte Daten mit relativen Häufigkeiten $h(x_i)$:** $$s \sqrt{\sum_{i=1}^{k} (x_i - \overline{x})^2\, h(x_i)}$$ • bei **klassierten Daten:** Als Merkmalsausprägungen werden die **Klassenmitten** x_i^* verwendet.	Die empirische Standardabweichung s ist die Wurzel aus der empirischen Varianz s^2, der mittleren quadratischen Abweichung. Dadurch ist die Einheit der Standardabweichung identisch mit der Einheit des Merkmals. Vereinfacht gesagt, gibt die Standardabweichung die „durchschnittliche" oder „normale" Abweichung aller Merkmalsausprägungen vom Mittelwert an. n: Stichprobenumfang k: Anzahl der unterschiedlichen Merkmalsausprägungen x_i^*: Klassenmitte
Einfaches Streuungs- intervall	$[\overline{x} - s;\ \overline{x} + s]$	Merkmalsausprägungen im einfachen Streuungsintervall werden als „durchschnittlich", „normal" oder „üblich" bezeichnet.

3 Wahrscheinlichkeitsrechnung

3.1 Grundbegriffe der Wahrscheinlichkeitsrechnung

Ergebnismenge (Ergebnis- raum Ω)	$S = \{e_1;\ e_2;\ e_3;\ \dots\ e_n\}$	Menge aller möglichen Ergebnisse e_i (Ausgänge) eines Zufallsexperiments
Ereignis	$E \subseteq S$ z.B. $E = \{e_1;\ e_2\} \subseteq S = \{e_1;\ e_2\}$	E ist Teilmenge aus S

Elementarereignis	$E \subset S$ z.B. $E = \{e_1\} \subset S = \{e_1; e_2\}$	E ist *echte* Teilmenge aus S mit nur einem Element
Relative Häufigkeit eines Ergebnisses	$h(e_i) = \dfrac{n_i}{n}$	$0 \le h(e_i) \le 1$
Empirisches Gesetz der großen Zahlen	Wird ein Zufallsversuch sehr oft wiederholt, und nähert sich die relative Häufigkeit $h(e_i)$ des Ergebnisses e_i einem bestimmten Wert an, so wird diese Näherung als Wahrscheinlichkeit $P(e_i)$ für das Ergebnis e_i angenommen.	
Wahrscheinlichkeit eines Ergebnisses	$P(e_i)$	$0 \le P(e_i) \le 1$
Wahrscheinlichkeit eines Ereignisses	$P(E)$	$0 \le P(E) \le 1$
Wahrscheinlichkeitsverteilung (Wahrscheinlichkeitsfunktion)	Lässt sich jedem Ergebnis e_i der Ergebnismenge S der Form $S = \{e_1; e_2; e_3; \dots e_n\}$ genau eine Wahrscheinlichkeit $P(e_i)$ zuordnen, so heißt diese Funktion Wahrscheinlichkeitsfunktion.	$0 \le P(e_i) \le 1$ und $\displaystyle\sum_{i=1}^{n} P(e_i) = 1$
Laplace-Experiment	Wenn bei einem Zufallsexperiment alle Ergebnisse die gleiche Wahrscheinlichkeit haben, so heißt dieses Zufallsexperiment Laplace-Experiment.	
	Wahrscheinlichkeit eines Laplace-Ergebnisses $P(e) = \dfrac{1}{|S|}$	$|S|$: Anzahl aller möglichen Ergebnisse
	Wahrscheinlichkeit eines Laplace-Ereignisses $P(E) = \dfrac{|E|}{|S|}$	$|E|$: Anzahl aller günstigen Ergebnisse
	Gegenwahrscheinlichkeit $P(\overline{E}) = 1 - P(E)$	$0 \le P(E) \le 1$

3.2 Baumdiagramme und Pfadregeln

Baum-diagramm	Beispiel: 2-stufig mit jeweils 2 Ergebnissen auf jeder Stufe

$P(A) = 1 - P(B)$ $P(B) = 1 - P(A)$

$P(A)$ $P(B)$ $P(A)$ $P(B)$

AA AB BA BB

$P(AA) = P(A) \cdot P(A)$ $P(AB) = P(A) \cdot P(B)$ $P(BA) = P(B) \cdot P(A)$ $P(BB) = P(B) \cdot P(B)$

$P(BA \vee BB) = P(BA) + P(BB)$

Variation	$BA \neq AB$	Reihenfolge wird beachtet: Erst B, dann A ist nicht das Gleiche wie erst A, dann B.
Kombination	$BA = AB$	Reihenfolge wird *nicht* beachtet: Erst B, dann A ist das Gleiche wie erst A, dann B.
Pfadmultipli-kationsregel (1. Pfadregel)	Liegen die **Einzelwahrscheinlichkeiten** eines Ereignisses (z. B. AA) **auf einem Pfad**, so lässt sich die Wahrscheinlichkeit des Ereignisses $P(AA)$ durch **Multiplikation** der Einzelwahrscheinlichkeiten berechnen: $P(AA) = P(A) \cdot P(A)$.	
Pfadadditions-regel (2. Pfadregel)	Liegen die **Einzelwahrscheinlichkeiten** eines Ereignisses (z. B. BA oder BB) **auf mehreren Pfaden**, so lässt sich die Wahrscheinlichkeit des Ereignisses $P(BA \vee BB)$ durch **Addition** der Wahrscheinlichkeiten der zugehörigen Pfade berechnen: $P(BA \vee BB) = P(BA) + P(BB)$	

3.3 Bedingte Wahrscheinlichkeit

Bedingte Wahr-scheinlichkeit	$P_B(A) = \dfrac{P(A \cap B)}{P(B)}$	Die Wahrscheinlichkeit für das Ereignis A unter der Vorrausset-zung, dass B schon eingetreten ist. B heißt **bedingendes Ereignis**.
	$P_A(B) = \dfrac{P(A \cap B)}{P(A)}$	Die Wahrscheinlichkeit für das Ereignis B unter der Vorrausset-zung, dass A schon eingetreten ist. A heißt **bedingendes Ereignis**.

Satz von Bayes	Für die Ereignisse A und B mit $P(A)$, $P(B) \neq 0$ gilt: $$P_B(A) = \frac{P(A \cap B)}{P(B)} = \frac{P(A) \cdot \dfrac{P(A \cap B)}{P(A)}}{P(B)} = \frac{P(A) \cdot P_A(B)}{P(B)}.$$
Baum-diagramm	
Vier-Felder-Tafel	
Inverses (umgekehrtes) Baum-diagramm	
Inverse (umgekehrte) Vier-Felder-Tafel	
Gesetz der totalen Wahr-scheinlichkeit	$P(B) = P(A) \cdot P_A(B) + P(\overline{A}) \cdot P_{\overline{A}}(B)$

Baumdiagramm:

$P(A)$ $P(\overline{A})$

A $\overline{A}$

$P_A(B)$ $P_A(\overline{B})$ $P_{\overline{A}}(B)$ $P_{\overline{A}}(\overline{B})$

B $\overline{B}$ B $\overline{B}$

$P(A \cap B) = P(A) \cdot P_A(B)$ $P(A \cap \overline{B})$ $P(\overline{A} \cap B)$ $P(\overline{A} \cap \overline{B})$

Vier-Felder-Tafel:

	B	$\overline{B}$	Σ
A	$P(A \cap B)$	$P(A \cap \overline{B})$	$P(A)$
$\overline{A}$	$P(\overline{A} \cap B)$	$P(\overline{A} \cap \overline{B})$	$P(\overline{A})$
Σ	$P(B)$	$P(\overline{B})$	1

Inverses Baumdiagramm:

$P(B)$ $P(\overline{B})$

B $\overline{B}$

$P_B(A)$ $P_B(\overline{A})$ $P_{\overline{B}}(A)$ $P_{\overline{B}}(\overline{A})$

A $\overline{A}$ A $\overline{A}$

$P(B \cap A) = P(B) \cdot P_B(A)$ $P(B \cap \overline{A})$ $P(\overline{B} \cap A)$ $P(\overline{B} \cap \overline{A})$

Inverse Vier-Felder-Tafel:

	A	$\overline{A}$	Σ
B	$P(B \cap A)$	$P(B \cap \overline{A})$	$P(B)$
$\overline{B}$	$P(\overline{B} \cap A)$	$P(\overline{B} \cap \overline{A})$	$P(\overline{B})$
Σ	$P(A)$	$P(\overline{A})$	1

Abhängigkeit

$P(A \cap B) = P(A) \cdot P(B)$

stochastisch unabhängige Ereignisse	Gilt für die Ereignisse A und B mit $P(A)$, $P(B) \neq 0$ $$P_A(B) = \frac{P(A \cap B)}{P(A)} = \frac{P(A) \cdot P(B)}{P(A)} = P(B),$$ so bezeichnet man die Ereignisse A und B als **stochastisch unabhängig**. Dann gilt der **Multiplikationssatz für stochastisch unabhängige Ereignisse**. $P(A \cap B) = P(A) \cdot P(B)$

3.4   Allgemeine Wahrscheinlichkeitsverteilung

Zufallsgröße X	Die Zufallsgröße X ist eine Funktion, die jedem Element e_i der Ergebnismenge S einen Wert zuordnet. Kann die Zufallsgröße endlich viele oder abzählbar unendlich viele Werte annehmen, wird sie **diskrete Zufallsgröße** genannt. Kann die Zufallsgröße nur ganzzahlige Werte annehmen, so ist sie immer diskret. Kann die Zufallsgröße unendlich viele, nicht abzählbare Werte annehmen, wird sie **stetige Zufallsgröße** genannt. Kann die Zufallsgröße jeden reellen Wert annehmen, so ist sie immer stetig.	
Wahrscheinlichkeitsverteilung der Zufallsgröße X	Die Wahrscheinlichkeitsverteilung ist eine Funktion, die jedem Wert x_i einer Zufallsgröße X seine Wahrscheinlichkeit $P(X = x_i)$ zuordnet.	$x_i \in \mathbb{R}$ $P(X = x_i) \in [0; 1]$
Erwartungswert der Zufallsgröße X	$E(X) = \sum\limits_{i=1}^{n} x_i \cdot P(X = x_i)$	
Varianz der Zufallsgröße X	$V(X) = \sum\limits_{i=1}^{n} \left(x_i - E(X)\right)^2 \cdot P(X = x_i)$	
Standardabweichung der Zufallsgröße X	$\sigma(X) = \sqrt{V(X)} = \sqrt{\sum\limits_{i=1}^{n} \left(x_i - E(X)\right)^2 \cdot P(X = x_i)}$	
Streuungsintervall der Zufallsgröße X	$\left[E(X) - \sigma(X); E(X) + \sigma(X)\right]$	Werte im Streuungsintervall werden als „normal", „üblich" oder „charakteristisch" bezeichnet.

91

3.5 Binomialverteilung

Bernoulli-Experiment	Wenn ein Zufallsexperiment theoretisch unendlich oft wiederholt werden kann und es bei jedem Mal nur die Ausgänge „Treffer" mit der Wahrscheinlichkeit p und „kein Treffer" mit der Wahrscheinlichkeit $1 - p$ gibt, wobei sich die Trefferwahrscheinlichkeit p nicht verändert, so heißt das Zufallsexperiment Bernoulli-Experiment.
Definition	Liegt einer Wahrscheinlichkeitsverteilung ein **Bernoulli-Experiment** zu Grunde, so heißt sie Binomialverteilung. Die Zufallsgröße ist dann binomialverteilt (**diskrete Verteilung**).
Fakultät	$n! = n \cdot (n-1) \cdot (n-2) \cdot \ldots$ $\qquad \cdot \left(n-(n-1)\right)$ $\qquad = n \cdot (n-1) \cdot (n-2) \cdot \ldots \cdot 1$	$n \in \mathbb{N}$ $3! = 3 \cdot 2 \cdot 1 = 6$ $1! = 0! = 1$
Binomial-koeffizient	$\binom{n}{k}$	$\binom{n}{k} = \dfrac{n!}{k! \cdot (n-k)!}$
Einzelwahr-scheinlichkeit	$P(X = k) = B_{n;\,p}(k)$ $\qquad = \binom{n}{k} \cdot p^k \cdot (1-p)^{n-k}$	n: Stichprobenumfang k: Treffer p: Trefferwahrscheinlichkeit
kumulierte Wahrschein-lichkeit	$P(X \le k) = F_{n;\,p}(k)$ $\qquad = \sum\limits_{i=0}^{k} \binom{n}{i} \cdot p^i \cdot (1-p)^{n-i}$	$n, k \in \mathbb{N}$ $n \ge k$ $0 \le p \le 1$ kumulieren bedeutet anhäufen, addieren, zusammenzählen

Trefferanzahl	<ul><li>**genau k Treffer** $P(X = k) = B_{n;\,p}(k)$</li><li>**höchstens k Treffer** $P(X \le k) = F_{n;\,p}(k)$</li><li>**weniger als k Treffer** $P(X < k) = P(X \le k-1) = F_{n;\,p}(k-1)$</li><li>**mindestens k Treffer** $P(X \ge k) = 1 - P(X \le k-1) = 1 - F_{n;\,p}(k-1)$</li><li>**mehr als k Treffer** $P(X > k) = 1 - P(X \le k) = 1 - F_{n;\,p}(k)$</li><li>**mehr als a und höchstens b Treffer** $P(a < X \le b) = P(X \le b) - P(X \le a)$</li><li>**mehr als a und weniger als b Treffer (zwischen a und b Treffer)** $P(a < X < b) = P(X \le b-1) - P(X \le a)$</li><li>**mindestens a und höchstens b Treffer** $P(a \le X \le b) = P(X \le b) - P(X \le a-1)$</li><li>**mindestens a und weniger als b Treffer** $P(a \le X < b) = P(X \le b-1) - P(X \le a-1)$</li></ul>

Erwartungswert binomialverteilter Zufallsgrößen	$E(X) = \mu = n \cdot p$	$n \in \mathbb{N}^*$ $0 \le p \le 1$ $p + q = 1$
Varianz binomialverteilter Zufallsgrößen	$\sigma^2 = n \cdot p \cdot q = n \cdot p \cdot (1 - p)$	
Standardabweichung binomialverteilter Zufallsgrößen	$\sigma = \sqrt{n \cdot p \cdot q} = \sqrt{n \cdot p \cdot (1 - p)}$	
Laplace-Bedingung	$\sigma = \sqrt{n \cdot p \cdot q} > 3$	

3.6 Prognoseintervalle und Sigma-Regeln (Intervalle um den Erwartungswert)

Prognoseintervall	**Schluss von der Grundgesamtheit auf die Stichprobe:** Ist die Trefferwahrscheinlichkeit der Grundgesamtheit bekannt, so können Aussagen über die Ergebnisse der Stichprobe getätigt werden, wenn die Laplace-Bedingung $\sigma = \sqrt{n \cdot p \cdot q} > 3$ erfüllt ist.	n: Stichprobenumfang p: Trefferwahrscheinlichkeit q: Gegenwahrscheinlichkeit $1 - p$
	$P\left(X \in \left[n \cdot p - (n - k); n \cdot p + (n - k)\right]\right) \approx 1 - \alpha$ n: Stichprobenumfang p: bekannte Trefferwahrscheinlicht der Grundgesamtheit $1 - \alpha$: Sicherheitswahrscheinlichkeit α: Irrtumswahrscheinlichkeit k: kleinste Zahl für die gilt: $F_{n;\,p}(k) \ge \dfrac{\alpha}{2}$ Vgl. Tabellen der kumulierten Binomialverteilung S. 112 ff.	

Prognose-intervall *(Fortsetzung)*	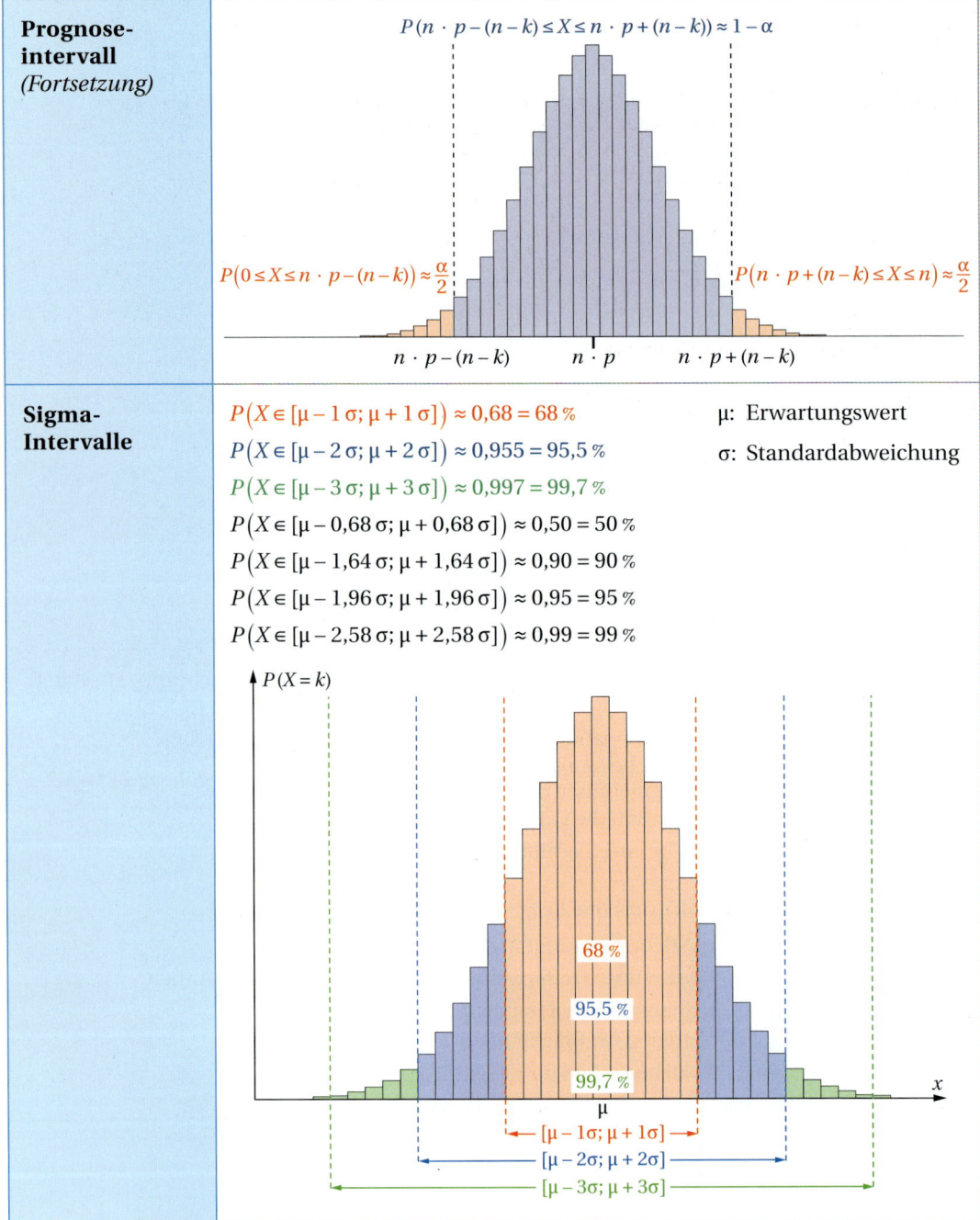
Sigma-Intervalle	$P\big(X \in [\mu - 1\,\sigma; \mu + 1\,\sigma]\big) \approx 0{,}68 = 68\,\%$ $P\big(X \in [\mu - 2\,\sigma; \mu + 2\,\sigma]\big) \approx 0{,}955 = 95{,}5\,\%$ $P\big(X \in [\mu - 3\,\sigma; \mu + 3\,\sigma]\big) \approx 0{,}997 = 99{,}7\,\%$ $P\big(X \in [\mu - 0{,}68\,\sigma; \mu + 0{,}68\,\sigma]\big) \approx 0{,}50 = 50\,\%$ $P\big(X \in [\mu - 1{,}64\,\sigma; \mu + 1{,}64\,\sigma]\big) \approx 0{,}90 = 90\,\%$ $P\big(X \in [\mu - 1{,}96\,\sigma; \mu + 1{,}96\,\sigma]\big) \approx 0{,}95 = 95\,\%$ $P\big(X \in [\mu - 2{,}58\,\sigma; \mu + 2{,}58\,\sigma]\big) \approx 0{,}99 = 99\,\%$ μ: Erwartungswert σ: Standardabweichung

3.7   Normalverteilung

Definition	Lässt sich die Wahrscheinlichkeitsverteilung einer stetig verteilten Zufallsgröße durch die Dichtefunktion $$\varphi(x) = \frac{1}{\sigma \cdot \sqrt{2\pi}} \cdot e^{-\frac{1}{2}\left(\frac{x-\mu}{\sigma}\right)^2}$$ beschreiben und ist μ der Erwartungswert und σ die Standardabweichung, so heißt die Wahrscheinlichkeitsverteilung Normalverteilung. Die Zufallsgröße X ist dann normalverteilt.
Wahrscheinlichkeiten normalverteilter Zufallsgrößen	**höchstens x_1** $$P(X \le x_1) = \left[\Phi(x)\right]_{-\infty}^{x_1} = \frac{1}{\sigma \cdot \sqrt{2\pi}} \cdot \int_{-\infty}^{x_1} e^{-\frac{1}{2}\left(\frac{x-\mu}{\sigma}\right)^2} \, dx \text{ mit } x \in \mathbb{R}$$ 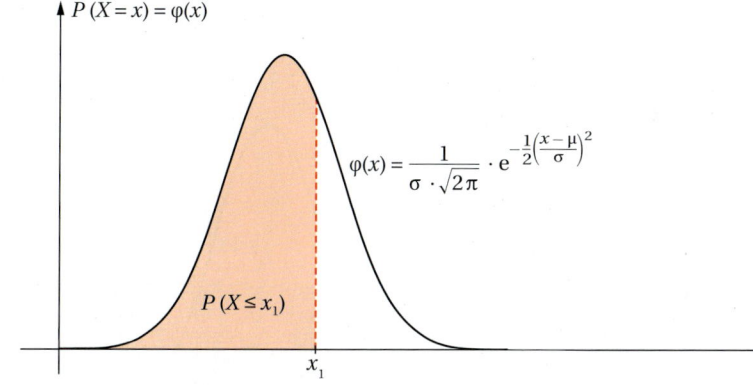 **mindestens x_1 und höchstens x_2 (zwischen x_1 und x_2)** $$P(x_1 \le X \le x_2) = \left[\Phi(x)\right]_{x_1}^{x_2} = \int_{x_1}^{x_2} \frac{1}{\sigma \cdot \sqrt{2\pi}} \, e^{-\frac{1}{2}\left(\frac{x-\mu}{\sigma}\right)^2} \, dx \text{ mit } x \in \mathbb{R}$$ 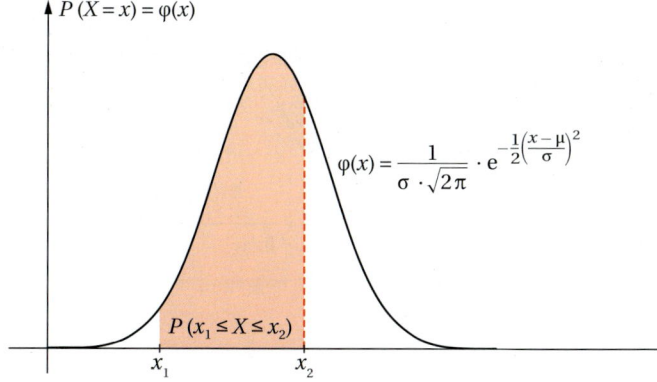

Dichtefunktion	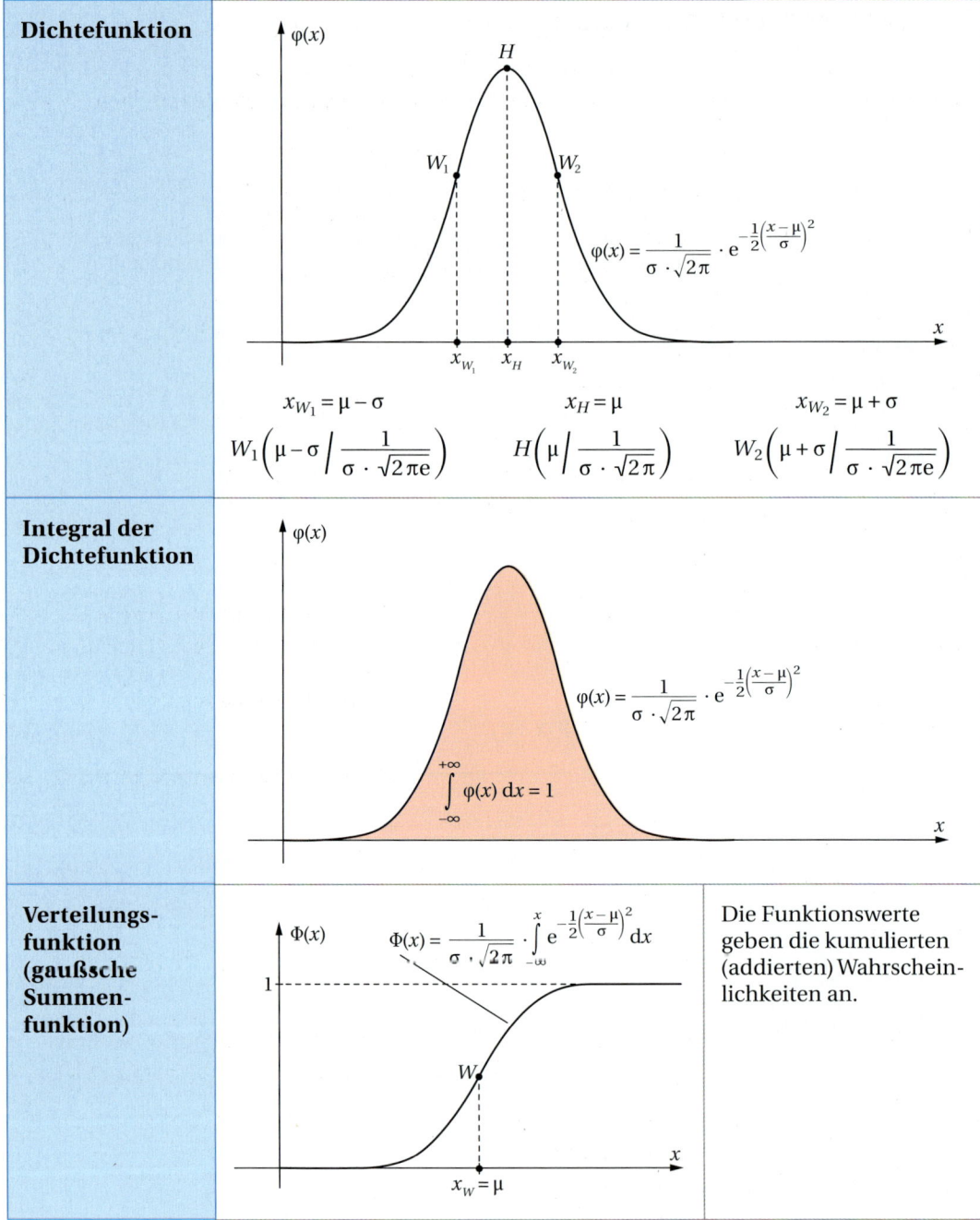
Integral der Dichtefunktion	
Verteilungsfunktion (gaußsche Summenfunktion)	Die Funktionswerte geben die kumulierten (addierten) Wahrscheinlichkeiten an.

Dichtefunktion

$$\varphi(x) = \frac{1}{\sigma \cdot \sqrt{2\pi}} \cdot e^{-\frac{1}{2}\left(\frac{x-\mu}{\sigma}\right)^2}$$

$$x_{W_1} = \mu - \sigma \qquad\qquad x_H = \mu \qquad\qquad x_{W_2} = \mu + \sigma$$

$$W_1\left(\mu - \sigma \,\middle|\, \frac{1}{\sigma \cdot \sqrt{2\pi e}}\right) \qquad H\left(\mu \,\middle|\, \frac{1}{\sigma \cdot \sqrt{2\pi}}\right) \qquad W_2\left(\mu + \sigma \,\middle|\, \frac{1}{\sigma \cdot \sqrt{2\pi e}}\right)$$

Integral der Dichtefunktion

$$\varphi(x) = \frac{1}{\sigma \cdot \sqrt{2\pi}} \cdot e^{-\frac{1}{2}\left(\frac{x-\mu}{\sigma}\right)^2}$$

$$\int_{-\infty}^{+\infty} \varphi(x)\, dx = 1$$

Verteilungsfunktion

$$\Phi(x) = \frac{1}{\sigma \cdot \sqrt{2\pi}} \cdot \int_{-\infty}^{x} e^{-\frac{1}{2}\left(\frac{x-\mu}{\sigma}\right)^2}\, dx$$

$$x_W = \mu$$

3.8   Standardnormalverteilung

Definition	Lässt sich die Wahrscheinlichkeitsverteilung einer stetig verteilten Zufallsgröße durch die Dichtefunktion $\varphi(z) = \dfrac{1}{\sqrt{2\pi}} \cdot e^{-\frac{1}{2}z^2}$ beschreiben, so heißt die Wahrscheinlichkeitsverteilung Standardnormalverteilung. Die Zufallsgröße Z ist dann standardnormalverteilt. Die Standardnormalverteilung ist eine Normalverteilung mit dem Erwartungswert $\mu = 0$ und der Standardabweichung $\sigma = 1$.
Standardisierung	• **Dichtefunktion** $$z = \frac{x - \mu}{\sigma}$$ • **Verteilungsfunktion** $$\Phi(z) = \Phi\left(\frac{x - \mu}{\sigma}\right)$$ x: Merkmalsausprägung der normalverteilten Zufallsgröße μ: Erwartungswert σ: Standardabweichung
Wahrscheinlichkeiten standardnormalverteilter Zufallsgrößen	**höchstens z** $$P(Z \le z) = \Phi(z) = \frac{1}{\sqrt{2\pi}} \cdot \int_{-\infty}^{z} e^{-\frac{1}{2}z^2}\, dz \ \text{ mit } \ z = \frac{x - \mu}{\sigma}$$ x: Merkmalsausprägung der normalverteilten Zufallsgröße x_2: größere Merkmalsausprägung der normalverteilten Zufallsgröße x_1: kleinere Merkmalsausprägung der normalverteilten Zufallsgröße μ: Erwartungswert σ: Standardabweichung

Wahrschein-lichkeiten standard-normalver-teilter Zufalls-größen *(Fortsetzung)*	**mindestens z_1 und höchstens z_2 (zwischen z_1 und z_2)** $$P(z_1 \leq Z \leq z_2) = \Phi(z_2) - \Phi(z_1)$$ $$= \frac{1}{\sqrt{2\pi}} \cdot \int_{z_1}^{z_2} e^{-\frac{1}{2}z^2} \, dz$$ $$= \frac{1}{\sqrt{2\pi}} \cdot \int_{-\infty}^{z_2} e^{-\frac{1}{2}z^2} \, dz - \frac{1}{\sqrt{2\pi}} \cdot \int_{-\infty}^{z_1} e^{-\frac{1}{2}z^2} \, dz$$ mit $z_2 = \dfrac{x_2 - \mu}{\sigma}$ und $z_1 = \dfrac{x_1 - \mu}{\sigma}$ 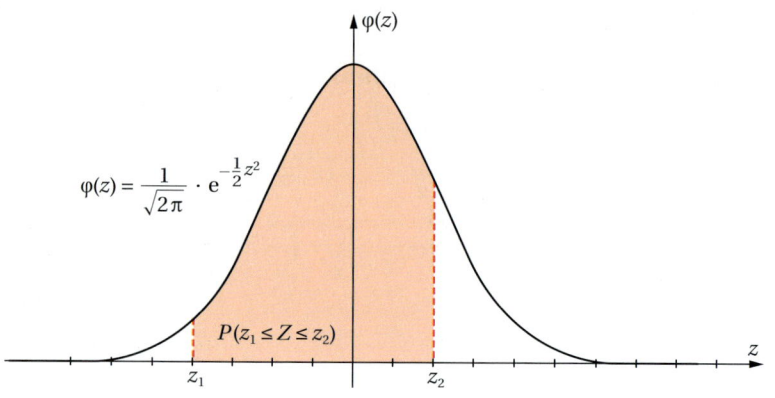
Dichtefunktion	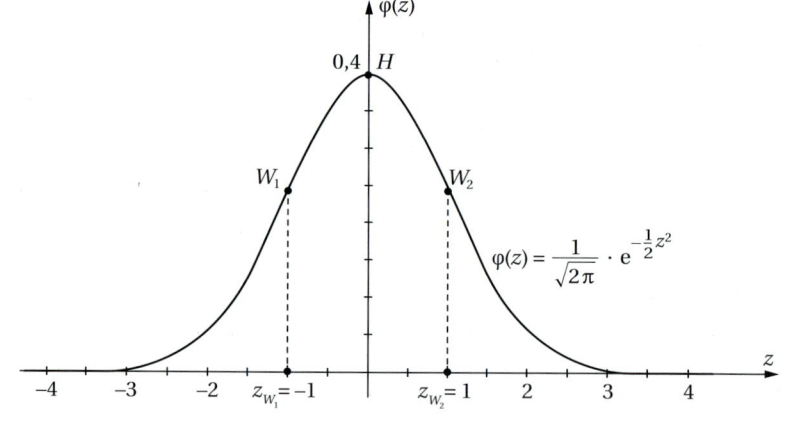 $$\mu = z_H = 0$$ $$W_1\left(-1 \,\middle|\, \frac{1}{\sqrt{2\pi e}}\right) \qquad H\left(0 \,\middle|\, \frac{1}{\sqrt{2\pi}}\right) \qquad W_2\left(1 \,\middle|\, \frac{1}{\sqrt{2\pi e}}\right)$$

Integrale der Dichtefunktion	

symmetrische Mittelfläche
$$|-z| = z$$

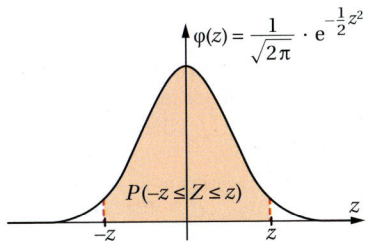

$$P(-z \leq Z \leq z) = 2\,\Phi(z) - 1$$

Mittelfläche $z_1 < z_2$

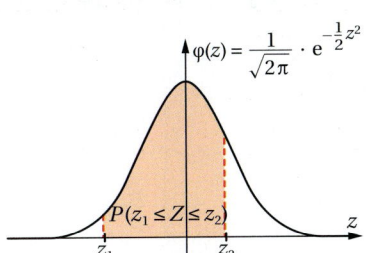

$$P(z_1 \leq Z \leq z_2) = \Phi(z_2) - \Phi(z_1)$$

linke Randfläche (positive Grenze)

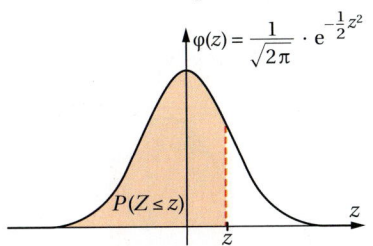

$$P(Z \leq z) = \Phi(z)$$

linke Randfläche (negative Grenze)

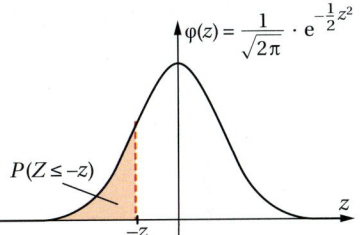

$$P(Z \leq -z) = 1 - \Phi(z)$$

rechte Randfläche (negative Grenze)

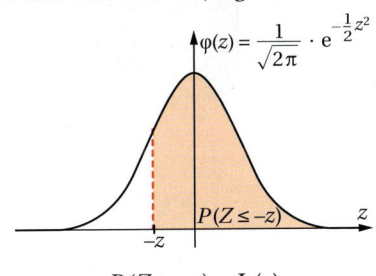

$$P(Z \geq -z) = \Phi(z)$$

rechte Randfläche (positive Grenze)

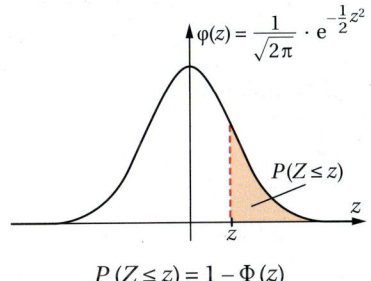

$$P(Z \leq z) = 1 - \Phi(z)$$

Verteilungsfunktion

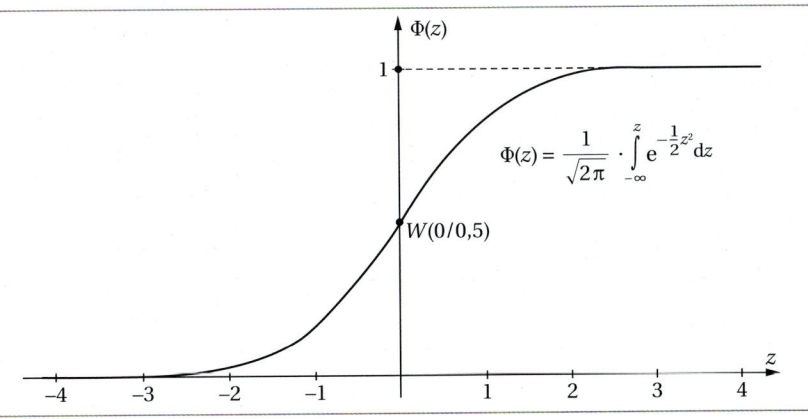

$$\Phi(z) = \frac{1}{\sqrt{2\pi}} \cdot \int_{-\infty}^{z} e^{-\frac{1}{2}z^2}\, dz$$

3.9 Approximation der Binomialverteilung durch die Normalverteilung

Definition	Wahrscheinlichkeiten binomialverteilter Zufallsgrößen lassen sich näherungsweise auch mit der Normalverteilung bestimmen, wenn die Laplace-Bedingung $\sigma = \sqrt{n \cdot p \cdot q} > 3$ erfüllt ist. Es gilt dann $$B_{n;\,p}(x) = \binom{n}{x} \cdot p^x \cdot (1-p)^{n-x} \approx \varphi(x) = \frac{1}{\sigma \cdot \sqrt{2\pi}} \cdot e^{-\frac{1}{2}\left(\frac{x-\mu}{\sigma}\right)^2}$$
Näherungs-formel von de Moivre-Laplace	• **ohne Stetigkeitskorrektur** für $$P(x_1 \leq X \leq x_2) \approx \Phi\left(\frac{x_2 - \mu}{\sigma}\right) - \Phi\left(\frac{x_1 - \mu}{\sigma}\right)$$ $\sqrt{n \cdot p \cdot q} > 3$ Abweichung der Binomialverteilung von der Normalverteilung 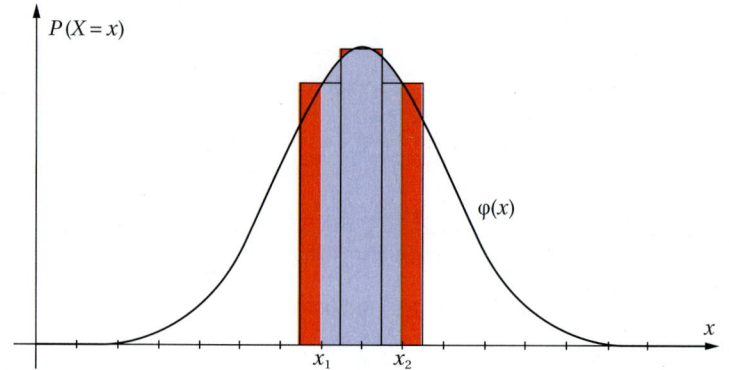 • **mit Stetigkeitskorrektur** $$P(x_1 \leq X \leq x_2) \approx \Phi\left(\frac{x_2 + 0{,}5 - \mu}{\sigma}\right) - \Phi\left(\frac{x_1 - 0{,}5 - \mu}{\sigma}\right)$$ 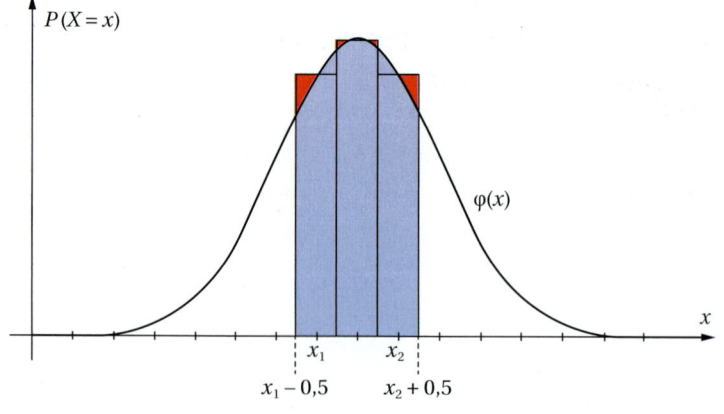

4 Beurteilende Statistik

4.1 Sigma-Umgebungen zu Vertrauensintervallen

Vertrauens-intervall	**Schluss von der Stichprobe auf die Grundgesamtheit** Ist die relative Trefferhäufigkeit der Stichprobe bekannt, so können mit einer zuvor festgelegten Irrtums-wahrscheinlichkeit α Aussagen über die Grundgesamtheit getätigt werden. Es gilt $$\lvert p - h \rvert \le c \cdot \sqrt{\frac{p - p^2}{n}} \text{ mit}$$ $$h = \frac{X}{n}$$ Die Trefferwahrscheinlichkeiten der Grundgesamtheit liegen dann mit einer Sicherheitswahrscheinlichkeit von $1 - \alpha$ im Intervall $[p_1; p_2]$.	h: relative Trefferhäufigkeit der Stichprobe X: Anzahl der Treffer in der Stichprobe n: Stichprobenumfang p: unbekannte Trefferwahr-scheinlichkeit in der Grund-gesamtheit
Sigma-Umgebungen für Sicherheits-wahrschein-lichkeiten von 90 %, 95 % und 99 %	$c = 1{,}64 \triangleq 90 \text{ \% Sicherheitswahrscheinlichkeit}$ $c = 1{,}96 \triangleq 95 \text{ \% Sicherheitswahrscheinlichkeit}$ $c = 2{,}58 \triangleq 99 \text{ \% Sicherheitswahrscheinlichkeit}$	
Sigma-Umgebung eines be-liebigen Vertrauens-intervalls	$$c = z \text{ mit } \Phi(z) = 1 - \frac{\alpha}{2}, \text{ da}$$ $$\Phi(z) - \Phi(-z) = 1 - \alpha$$ $$\Phi(z) - \big(1 - \Phi(z)\big) = 1 - \alpha$$ $$\Phi(z) - 1 + \Phi(z) = 1 - \alpha$$ $$2\,\Phi(z) - 1 = 1 - \alpha$$ $$2\,\Phi(z) = 2 - \alpha$$ $$\Phi(z) = 1 - \frac{\alpha}{2}$$	α: Irrtumswahr-scheinlichkeit $1 - \alpha$: Sicherheitswahrschein-lichkeit

4.2 Vertrauensintervalle

Exaktes Vertrauensintervall	$$VI = \left[\frac{\frac{c^2}{2n} + h - c \cdot \sqrt{\frac{c^2}{4n^2} + \frac{h - h^2}{n}}}{\frac{c^2}{n} + 1} \; ; \; \frac{\frac{c^2}{2n} + h + c \cdot \sqrt{\frac{c^2}{4n^2} + \frac{h - h^2}{n}}}{\frac{c^2}{n} + 1} \right]$$ n: Stichprobenumfang h: relative Trefferhäufigkeit der Stichprobe c: Breite der Sigma-Umgebung
Näherungsweise bestimmtes Vertrauensintervall	$$VI = \left[h - c \cdot \sqrt{\frac{h - h^2}{n}} \; ; \; h + c \cdot \sqrt{\frac{h - h^2}{n}} \right] \text{ mit } h = \frac{X}{n}$$ sinnvoll für $n > 1\,000$ oder $0{,}3 \le h \le 0{,}7$ oder $\sqrt{n \cdot p \cdot q} > 3$
Parabelansatz (exakte Lösung)	$p_{1;\,2} \Leftrightarrow f(p) = 0 \Leftrightarrow n\,(p - h)^2 - c^2 \cdot (p - p^2) = 0$ VI: Vertrauensintervall n: Stichprobenumfang $h = \frac{X}{n}$: relative Trefferhäufigkeit der Stichprobe X: Anzahl der Treffer in der Stichprobe p: unbekannte Trefferwahrscheinlichkeit der Grundgesamtheit c: Breite der Sigma-Umgebung

Ellipsenansatz (exakte Lösung)

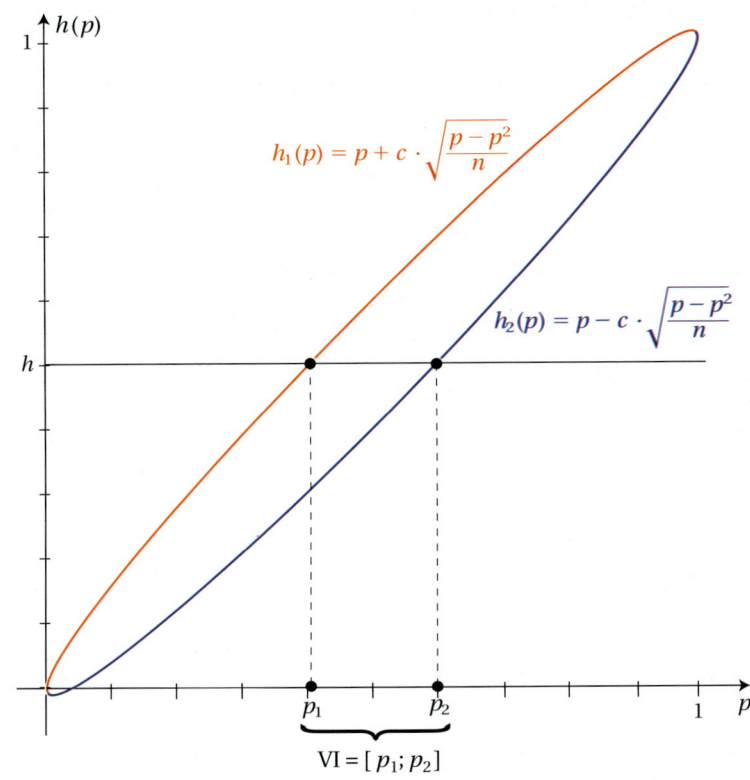

$$h_1(p) = p + c \cdot \sqrt{\frac{p - p^2}{n}}$$

$$h_2(p) = p - c \cdot \sqrt{\frac{p - p^2}{n}}$$

$$\text{VI} = [\,p_1; p_2\,]$$

Ansatz zur Berechnung von p_1:

$$h = h_1(p) \Leftrightarrow h = p + c \cdot \sqrt{\frac{p - p^2}{n}}$$

Ansatz zur Berechnung von p_2:

$$h = h_2(p) \Leftrightarrow h = p - c \cdot \sqrt{\frac{p - p^2}{n}}$$

VI: Vertrauensintervall

n: Stichprobenumfang

$h = \dfrac{X}{n}$:   relative Trefferhäufigkeit der Stichprobe

X: Anzahl der Treffer in der Stichprobe

p: unbekannte Trefferwahrscheinlichkeit in der Grundgesamtheit

c: Breite der Sigma-Umgebung

Geometrie

1   Ebene Geometrie

Allgemeines Dreieck	• **Umfang:** $U = a + b + c$ • **Flächeninhalt:** $I = \dfrac{gh}{2}$ $I = \sqrt{s(s-a)(s-b)(s-c)}$ mit $s = \dfrac{a+b+c}{2} = \dfrac{U}{2}$	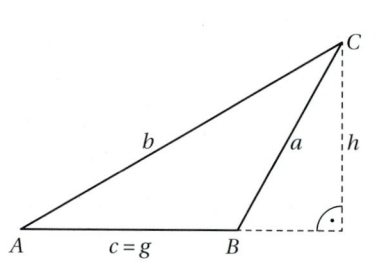
Rechtwinkliges Dreieck	• **Umfang:** $U = a + b + c$ • **Flächeninhalt:** $I = \dfrac{gh}{2}$ • **Satz des Pythagoras:** $a^2 + b^2 = c^2$ • **Höhensatz:** $h^2 = pq$ • **Kathetensatz:** $a^2 = cp$ und $b^2 = cq$	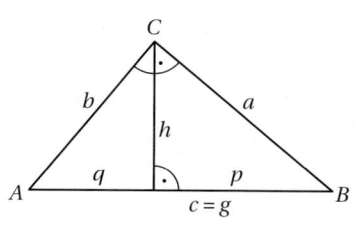
Gleichseitiges Dreieck	• **Umfang:** $U = 3\,a$ • **Flächeninhalt:** $I = \dfrac{a^2}{4}\sqrt{3}$ • **Höhe:** $h = \dfrac{a}{2}\sqrt{3}$ • **Radius des Umkreises:** $r = \dfrac{a}{3}\sqrt{3}$	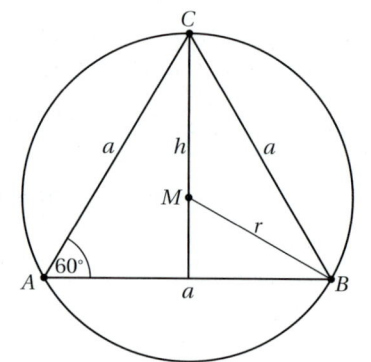

Rechteck	• **Umfang:** $U = 2a + 2b$ • **Flächeninhalt:** $I = ab$	
Quadrat	• **Umfang:** $U = 4a$ • **Flächeninhalt:** $I = a^2$ • **Diagonale:** $d = a\sqrt{2}$	
Parallelo-gramm	• **Umfang:** $U = 2g + 2d$ • **Flächeninhalt:** $I = gh = gd \cdot \sin\alpha$	
Trapez	• **Umfang:** $U = a + b + c + d$ • **Flächeninhalt:** $I = \dfrac{a+c}{2} \cdot h = mh$ • **Mittellinie:** $m = \dfrac{a+c}{2}$	
Kreis	• **Umfang:** $U = 2\pi r$ • **Flächeninhalt:** $I = \pi r^2$ • **Durchmesser:** $d = 2r$	

Strahlensatz	Wenn $\overline{AC} \parallel \overline{BD}$, dann gilt: $\overline{SA} : \overline{SB} = \overline{SC} : \overline{SD}$ $\overline{SA} : \overline{AC} = \overline{SB} : \overline{BD}$ $\overline{SA} : \overline{AB} = \overline{SC} : \overline{CD}$ $\overline{AC} : \overline{BD} = \overline{SA} : \overline{SB}$	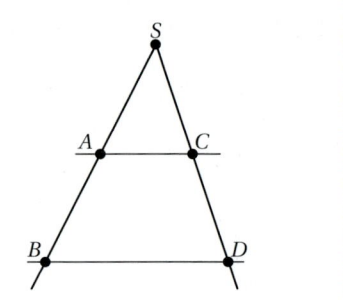

2 Raumgeometrie

Quader	• **Volumen:** $\quad V = abc$ • **Oberfläche:** $\quad O = 2 \cdot (ab + ac + bc)$ • **Raumdiagonale:** $\quad e = \sqrt{a^2 + b^2 + c^2}$	
Würfel	• **Volumen:** $\quad V = a^3$ • **Oberfläche:** $\quad O = 6\,a^2$ • **Raumdiagonale:** $\quad e = a\sqrt{3}$	
Zylinder	• **Volumen:** $\quad V = \pi\,r^2\,h$ • **Mantelfläche:** $\quad M = 2\,\pi\,rh$ • **Oberfläche:** $\quad O = 2\,\pi\,r\,(r + h)$	

Kegel	<ul><li>**Volumen:** $V = \frac{\pi}{3} r^2 h$</li><li>**Mantelfläche:** $M = \pi\, rs$ mit $s = \sqrt{r^2 + h^2}$</li><li>**Oberfläche:** $O = \pi\, r\,(r + s)$</li></ul>
Kegelstumpf	<ul><li>**Volumen:** $V = \frac{\pi \cdot h}{3} (r_1{}^2 + r_1 r_2 + r_2{}^2)$</li><li>**Mantelfläche:** $M = \pi\, s\,(r_1 + r_2)$</li></ul>
Kugel	<ul><li>**Volumen:** $V = \frac{4}{3} \pi\, r^3$</li><li>**Oberfläche:** $O = 4\,\pi\, r^2$</li></ul>

1 Binomialverteilung, $B_{n;\,p}(k)$, Dichtefunktion

$$P(X = k) = B_{n;\,p}(k) = \binom{n}{k} \cdot p^k \cdot (1-p)^{n-k}$$

n	k	0,01	0,02	0,05	0,1	0,15	0,2	0,25	$\frac{1}{3}$	0,5	k	n
2	0	0,9801	9604	9025	8100	7225	6400	5625	4444	2500	2	2
	1	0198	0392	0950	1800	2550	3200	3750	4444	5000	1	
	2	0001	0004	0025	0100	0225	0400	0625	1111	2500	0	
5	0	9510	9039	7738	5905	4437	3277	2373	1317	0313	5	5
	1	0480	0922	2036	3281	3915	4096	3955	3292	1563	4	
	2	0010	0038	0214	0729	1382	2048	2637	3292	3125	3	
	3		0001	0011	0081	0244	0512	0879	1646	3125	2	
	4				0005	0022	0064	0146	0412	1563	1	
	5					0001	0003	0010	0041	0313	0	
10	0	0,9044	8171	5987	3487	1969	1074	0563	0173	0010	10	10
	1	0914	1667	3151	3874	3474	2684	1877	0867	0098	9	
	2	0042	0153	0746	1937	2759	3020	2816	1951	0439	8	
	3	0001	0008	0105	0574	1298	2013	2503	2601	1172	7	
	4			0010	0112	0401	0881	1460	2276	2051	6	
	5			0001	0015	0085	0264	0584	1366	2461	5	
	6				0001	0012	0055	0162	0569	2051	4	
	7					0001	0008	0031	0163	1172	3	
	8						0001	0004	0030	0439	2	
	9								0003	0098	1	
	10									0010	0	
25	0	0,7778	6035	2774	0718	0172	0038	0008			25	25
	1	1964	3079	3650	1994	0759	0236	0063	0005		24	
	2	0238	0754	2305	2659	1607	0708	0251	0030		23	
	3	0018	0118	0930	2265	2174	1358	0641	0114	0001	22	
	4	0001	0013	0269	1384	2110	1867	1175	0313	0004	21	
	5		0001	0060	0646	1564	1960	1645	0658	0016	20	
	6			0010	0239	0920	1633	1828	1096	0053	19	
	7			0001	0072	0441	1108	1654	1487	0143	18	
	8				0018	0175	0623	1241	1673	0322	17	
	9				0004	0058	0294	0781	1580	0609	16	
	10				0001	0016	0118	0417	1264	0974	15	
	11					0004	0040	0189	0862	1328	14	
	12					0001	0012	0074	0503	1550	13	
	13						0003	0025	0251	1550	12	
	14						0001	0007	0108	1328	11	
	15							0002	0040	0974	10	
	16								0012	0609	9	
	17								0003	0322	8	
	18								0001	0143	7	
	19									0053	6	
	20									0016	5	
	21									0004	4	
	22									0001	3	
	23										2	
	24										1	
	25										0	
		0,99	0,98	0,95	0,9	0,85	0,8	0,75	$\frac{2}{3}$	0,5	k	n

p

$$P(X = k) = B_{n;\,p}(k) = \binom{n}{k} \cdot p^k \cdot (1-p)^{n-k}$$

n	k	0,01	0,02	0,05	0,1	0,15	0,2	0,25	$\frac{1}{3}$	0,5		
	0	0,6050	3642	0769	0052	0003					50	
	1	3056	3716	2025	0286	0026	0002				49	
	2	0756	1858	2611	0779	0113	0011	0001			48	
	3	0122	0607	2199	1386	0319	0044	0004			47	
	4	0015	0145	1360	1809	0661	0128	0016			46	
	5	0001	0027	0658	1849	1072	0295	0049	0001		45	
	6		0004	0260	1541	1419	0554	0123	0004		44	
	7		0001	0086	1076	1575	0870	0259	0012		43	
	8			0024	0643	1493	1169	0463	0033		42	
	9			0006	0333	1230	1364	0721	0077		41	
	10			0001	0152	0890	1398	0985	0157		40	
	11				0061	0571	1271	1194	0286		39	
	12				0022	0328	1033	1294	0465	0001	38	
	13				0007	0169	0755	1261	0679	0003	37	
	14				0002	0079	0499	1110	0898	0008	36	
	15				0001	0033	0299	0888	1077	0020	35	
	16					0013	0164	0648	1178	0044	34	
	17					0005	0082	0432	1178	0087	33	
	18					0001	0037	0264	1080	0160	32	
	19						0016	0148	0910	0270	31	
	20						0006	0077	0705	0419	30	
	21						0002	0036	0503	0598	29	
	22						0001	0016	0332	0788	28	
	23							0006	0202	0960	27	
	24							0002	0114	1080	26	
50	25							0001	0059	1123	25	50
	26								0028	1080	24	
	27								0013	0960	23	
	28								0005	0788	22	
	29								0002	0598	21	
	30								0001	0419	20	
	31									0270	19	
	32									0160	18	
	33									0087	17	
	34									0044	16	
	35									0020	15	
	36									0008	14	
	37									0003	13	
	38									0001	12	
	39										11	
	40										10	
	41										9	
	42										8	
	43										7	
	44										6	
	45										5	
	46										4	
	47										3	
	48										2	
	49										1	
	50										0	
		0,99	0,98	0,95	0,9	0,85	0,8	0,75	$\frac{2}{3}$	0,5	k	n

p

$$P(X = k) = B_{n;\,p}(k) = \binom{n}{k} \cdot p^k \cdot (1-p)^{n-k}$$

n	k	0,01	0,02	0,05	0,1	0,15	0,2	0,25	$\frac{1}{3}$	0,5		
	0	0,3660	1326	0059							100	
	1	3697	2707	0312	0003						99	
	2	1849	2734	0812	0016						98	
	3	0610	1823	1396	0059	0001					97	
	4	0149	0902	1781	0159	0003					96	
	5	0029	0353	1800	0339	0011					95	
	6	0005	0114	1500	0596	0031	0001				94	
	7	0001	0031	1060	0889	0075	0002				93	
	8		0007	0649	1148	0153	0006				92	
	9		0002	0349	1304	0276	0015				91	
	10			0167	1319	0444	0034	0001			90	
	11			0072	1199	0640	0069	0003			89	
	12			0028	0988	0838	0128	0006			88	
	13			0010	0743	1001	0216	0014			87	
	14			0003	0513	1098	0335	0030			86	
	15			0001	0327	1111	0481	0057			85	
	16				0193	1041	0638	0100	0001		84	
	17				0106	0908	0789	0165	0001		83	
	18				0054	0739	0909	0254	0003		82	
	19				0026	0563	0981	0365	0006		81	
	20				0012	0402	0993	0493	0013		80	
	21				0005	0270	0946	0626	0024		79	
	22				0002	0171	0849	0749	0043		78	
	23				0001	0103	0720	0847	0073		77	
100	24					0058	0577	0906	0117		76	100
	25					0031	0439	0918	0178		75	
	26					0016	0316	0883	0256		74	
	27					0008	0217	0806	0351		73	
	28					0004	0141	0701	0458		72	
	29					0002	0088	0580	0569		71	
	30					0001	0052	0458	0673		70	
	31						0029	0344	0760	0001	69	
	32						0016	0248	0819	0001	68	
	33						0008	0170	0844	0002	67	
	34						0004	0112	0831	0005	66	
	35						0002	0070	0784	0009	65	
	36						0001	0042	0708	0016	64	
	37							0024	0612	0027	63	
	38							0013	0507	0045	62	
	39							0007	0403	0071	61	
	40							0004	0308	0108	60	
	41							0002	0225	0159	59	
	42							0001	0158	0223	58	
	43								0107	0301	57	
	44								0069	0390	56	
	45								0043	0485	55	
	46								0026	0580	54	
	47								0015	0666	53	
	48								0008	0735	52	
	49								0004	0780	51	
	50								0002	0796	50	
		0,99	0,98	0,95	0,9	0,85	0,8	0,75	$\frac{2}{3}$	0,5	k	n

p

$$P(X = k) = B_{n;\, p}(k) = \binom{n}{k} \cdot p^k \cdot (1-p)^{n-k}$$

n	k	0,01	0,02	0,05	0,1	0,15	0,2	0,25	$\frac{1}{3}$	0,5		
100	51								0001	0780	49	
	52								0001	0735	48	
	53									0666	47	
	54									0580	46	
	55									0485	45	
	56									0390	44	
	57									0301	43	
	58									0223	42	
	59									0159	41	
	60									0108	40	100
	61									0071	39	
	62									0045	38	
	63									0027	37	
	64									0016	36	
	65									0009	35	
	66									0005	34	
	67									0002	33	
	68									0001	32	
	69									0001	31	
		0,99	0,98	0,95	0,9	0,85	0,8	0,75	$\frac{2}{3}$	0,5	k	n

p

2 Kumulierte Binomialverteilung, $F_{n;\,p}(k)$, Verteilungsfunktion

$$P(X \le k) = F_{n;\,p}(k) = \sum_{i=0}^{k} \binom{n}{i} \cdot p^i \cdot (1-p)^{n-i}$$

Bei grau hinterlegten Werten für k und n gilt: $P(X \le k) = 1 -$ abgelesener Wert.

n	k	0,01	0,02	0,05	0,1	0,15	0,2	0,25	$\frac{1}{3}$	0,5		
2	0	0,9801	9604	9025	8100	7225	6400	5625	4444	2500	1	2
	1	9999	9996	9975	9900	9775	9600	9375	8889	7500	0	
5	0	0,9510	9039	7738	5905	4437	3277	2373	1317	0313	4	5
	1	9990	9962	9774	9185	8352	7373	6328	4609	1875	3	
	2	1,0	9999	9988	9914	9734	9421	8965	7901	5000	2	
	3	1,0	1,0	1,0	9995	9978	9933	9844	9547	8125	1	
	4	1,0	1,0	1,0	1,0	9999	9997	9990	9959	9688	0	
10	0	0,9044	8171	5987	3487	1969	1074	0563	0173	0010	9	10
	1	9957	9838	9139	7361	5443	3758	2440	1040	0107	8	
	2	9999	9991	9885	9298	8202	6778	5256	2991	0547	7	
	3	1,0	1,0	9990	9872	9500	8791	7759	5593	1719	6	
	4	1,0	1,0	9999	9984	9901	9672	9219	7869	3770	5	
	5	1,0	1,0	1,0	9999	9986	9936	9803	9234	6230	4	
	6	1,0	1,0	1,0	1,0	9999	9991	9965	9803	8281	3	
	7	1,0	1,0	1,0	1,0	1,0	9999	9996	9966	9453	2	
	8	1,0	1,0	1,0	1,0	1,0	1,0	1,0	9996	9893	1	
	9	1,0	1,0	1,0	1,0	1,0	1,0	1,0	1,0	9990	0	
25	0	0,7778	6035	2774	0718	0172	0038	0008			24	25
	1	9742	9114	6424	2712	0931	0274	0070	0050		23	
	2	9980	9868	8729	5371	2537	0982	0321	0035		22	
	3	9999	9986	9659	7636	4711	2340	0962	0149	0001	21	
	4	1,0	9999	9928	9020	6821	4207	2137	0462	0005	20	
	5	1,0	1,0	9988	9666	8385	6167	3783	1120	0020	19	
	6	1,0	1,0	9998	9905	9305	7800	5611	2215	0073	18	
	7	1,0	1,0	1,0	9977	9745	8909	7265	3703	0216	17	
	8	1,0	1,0	1,0	9995	9920	9532	8506	5376	0539	16	
	9	1,0	1,0	1,0	9999	9979	9827	9287	6956	1148	15	
	10	1,0	1,0	1,0	1,0	9995	9944	9703	8220	2122	14	
	11	1,0	1,0	1,0	1,0	9999	9985	9893	9082	3450	13	
	12	1,0	1,0	1,0	1,0	1,0	9996	9966	9585	5000	12	
	13	1,0	1,0	1,0	1,0	1,0	9999	9991	9836	6550	11	
	14	1,0	1,0	1,0	1,0	1,0	1,0	9998	9944	7878	10	
	15	1,0	1,0	1,0	1,0	1,0	1,0	1,0	9984	8852	9	
	16	1,0	1,0	1,0	1,0	1,0	1,0	1,0	9996	9461	8	
	17	1,0	1,0	1,0	1,0	1,0	1,0	1,0	9999	9784	7	
	18	1,0	1,0	1,0	1,0	1,0	1,0	1,0	1,0	9927	6	
	19	1,0	1,0	1,0	1,0	1,0	1,0	1,0	1,0	9980	5	
	20	1,0	1,0	1,0	1,0	1,0	1,0	1,0	1,0	9995	4	
	21	1,0	1,0	1,0	1,0	1,0	1,0	1,0	1,0	9999	3	
	22	1,0	1,0	1,0	1,0	1,0	1,0	1,0	1,0	1,0	2	
	23	1,0	1,0	1,0	1,0	1,0	1,0	1,0	1,0	1,0	1	
	24	1,0	1,0	1,0	1,0	1,0	1,0	1,0	1,0	1,0	0	
		0,99	0,98	0,95	0,9	0,85	0,8	0,75	$\frac{2}{3}$	0,5	k	n

p

$$P(X \le k) = F_{n;\,p}(k) = \sum_{i=0}^{k} \binom{n}{i} \cdot p^i \cdot (1-p)^{n-i}$$

Bei grau hinterlegten Werten für k und n gilt: $P(X \le k) = 1 -$ abgelesener Wert.

n	k	0,01	0,02	0,05	0,1	0,15	0,2	0,25	$\frac{1}{3}$	0,5		
	0	0,6050	3642	0769	0052	0003					49	
	1	9106	7358	2794	0338	0029	0002				48	
	2	9862	9216	5405	1117	0142	0013	0001			47	
	3	9984	9822	7604	2503	0460	0057	0005			46	
	4	9999	9968	8964	4312	1121	0185	0021			45	
	5	1,0	9995	9622	6161	2194	0480	0070	0010		44	
	6	1,0	1,0	9882	7702	3613	1034	0194	0005		43	
	7	1,0	1,0	9968	8779	5188	1904	0453	0017		42	
	8	1,0	1,0	9992	9421	6681	3073	0916	0050		41	
	9	1,0	1,0	9998	9755	7911	4437	1637	0127		40	
	10	1,0	1,0	1,0	9906	8801	5836	2622	0284		39	
	11	1,0	1,0	1,0	9968	9372	7107	3816	0570		38	
	12	1,0	1,0	1,0	9990	9699	8139	5110	1035	0002	37	
	13	1,0	1,0	1,0	9997	9868	8894	6370	1715	0005	36	
	14	1,0	1,0	1,0	9999	9947	9393	7481	2612	0013	35	
	15	1,0	1,0	1,0	1,0	9981	9692	8369	3690	0033	34	
	16	1,0	1,0	1,0	1,0	9993	9856	9017	4868	0077	33	
	17	1,0	1,0	1,0	1,0	9998	9937	9449	6046	0164	32	
	18	1,0	1,0	1,0	1,0	9999	9975	9713	7126	0325	31	
	19	1,0	1,0	1,0	1,0	1,0	9991	9861	8036	0595	30	
	20	1,0	1,0	1,0	1,0	1,0	9997	9937	8741	1013	29	
	21	1,0	1,0	1,0	1,0	1,0	9999	9974	9244	1611	28	
	22	1,0	1,0	1,0	1,0	1,0	1,0	9990	9576	2399	27	
	23	1,0	1,0	1,0	1,0	1,0	1,0	9996	9778	3359	26	
50	24	1,0	1,0	1,0	1,0	1,0	1,0	9999	9892	4439	25	50
	25	1,0	1,0	1,0	1,0	1,0	1,0	1,0	9951	5561	24	
	26	1,0	1,0	1,0	1,0	1,0	1,0	1,0	9979	6641	23	
	27	1,0	1,0	1,0	1,0	1,0	1,0	1,0	9992	7601	22	
	28	1,0	1,0	1,0	1,0	1,0	1,0	1,0	9997	8389	21	
	29	1,0	1,0	1,0	1,0	1,0	1,0	1,0	9999	8987	20	
	30	1,0	1,0	1,0	1,0	1,0	1,0	1,0	1,0	9405	19	
	31	1,0	1,0	1,0	1,0	1,0	1,0	1,0	1,0	9675	18	
	32	1,0	1,0	1,0	1,0	1,0	1,0	1,0	1,0	9836	17	
	33	1,0	1,0	1,0	1,0	1,0	1,0	1,0	1,0	9923	16	
	34	1,0	1,0	1,0	1,0	1,0	1,0	1,0	1,0	9967	15	
	35	1,0	1,0	1,0	1,0	1,0	1,0	1,0	1,0	9987	14	
	36	1,0	1,0	1,0	1,0	1,0	1,0	1,0	1,0	9995	13	
	37	1,0	1,0	1,0	1,0	1,0	1,0	1,0	1,0	9998	12	
	38	1,0	1,0	1,0	1,0	1,0	1,0	1,0	1,0	1,0	11	
	39	1,0	1,0	1,0	1,0	1,0	1,0	1,0	1,0	1,0	10	
	40	1,0	1,0	1,0	1,0	1,0	1,0	1,0	1,0	1,0	9	
	41	1,0	1,0	1,0	1,0	1,0	1,0	1,0	1,0	1,0	8	
	42	1,0	1,0	1,0	1,0	1,0	1,0	1,0	1,0	1,0	7	
	43	1,0	1,0	1,0	1,0	1,0	1,0	1,0	1,0	1,0	6	
	44	1,0	1,0	1,0	1,0	1,0	1,0	1,0	1,0	1,0	5	
	45	1,0	1,0	1,0	1,0	1,0	1,0	1,0	1,0	1,0	4	
	46	1,0	1,0	1,0	1,0	1,0	1,0	1,0	1,0	1,0	3	
	47	1,0	1,0	1,0	1,0	1,0	1,0	1,0	1,0	1,0	2	
	48	1,0	1,0	1,0	1,0	1,0	1,0	1,0	1,0	1,0	1	
	49	1,0	1,0	1,0	1,0	1,0	1,0	1,0	1,0	1,0	0	
		0,99	0,98	0,95	0,9	0,85	0,8	0,75	$\frac{2}{3}$	0,5	k	n

p

$$P(X \le k) = F_{n;p}(k) = \sum_{i=0}^{k} \binom{n}{i} \cdot p^i \cdot (1-p)^{n-i}$$

Bei grau hinterlegten Werten für k und n gilt: $P(X \le k) = 1 -$ abgelesener Wert.

n	k	0,01	0,02	0,05	0,1	0,15	0,2	0,25	$\frac{1}{3}$	0,5		
											p	
	0	0,3660	1326	0059							99	
	1	7358	4033	0371	0003						98	
	2	9206	6767	1183	0019						97	
	3	9816	8590	2578	0078	0001					96	
	4	9966	9492	4360	0237	0004					95	
	5	9995	9845	6160	0576	0016					94	
	6	9999	9959	7660	1172	0047	0001				93	
	7	1,0	9991	8720	2061	0122	0003				92	
	8	1,0	9998	9369	3209	0275	0009				91	
	9	1,0	1,0	9718	4513	0551	0023				90	
	10	1,0	1,0	9885	5832	0994	0057	0001			89	
	11	1,0	1,0	9957	7030	1635	0126	0004			88	
	12	1,0	1,0	9985	8018	2473	0253	0010			87	
	13	1,0	1,0	9995	8761	3474	0469	0025			86	
	14	1,0	1,0	9999	9274	4572	0804	0054			85	
	15	1,0	1,0	1,0	9601	5683	1285	0111			84	
	16	1,0	1,0	1,0	9794	6725	1923	0211	0001		83	
	17	1,0	1,0	1,0	9900	7633	2712	0376	0002		82	
	18	1,0	1,0	1,0	9954	8372	3621	0630	0050		81	
	19	1,0	1,0	1,0	9980	8935	4602	0995	0011		80	
	20	1,0	1,0	1,0	9992	9337	5595	1488	0024		79	
	21	1,0	1,0	1,0	9997	9607	6540	2114	0048		78	
	22	1,0	1,0	1,0	9999	9779	7389	2864	0091		77	
	23	1,0	1,0	1,0	1,0	9881	8109	3711	0164		76	
	24	1,0	1,0	1,0	1,0	9939	8686	4617	0281		75	
100	25	1,0	1,0	1,0	1,0	9970	9125	5535	0458		74	100
	26	1,0	1,0	1,0	1,0	9986	9442	6417	0715		73	
	27	1,0	1,0	1,0	1,0	9994	9658	7224	1066		72	
	28	1,0	1,0	1,0	1,0	9997	9800	7925	1524		71	
	29	1,0	1,0	1,0	1,0	9999	9888	8505	2093		70	
	30	1,0	1,0	1,0	1,0	1,0	9939	8962	2766		69	
	31	1,0	1,0	1,0	1,0	1,0	9969	9307	3525	0001	68	
	32	1,0	1,0	1,0	1,0	1,0	9984	9554	4344	0002	67	
	33	1,0	1,0	1,0	1,0	1,0	9993	9724	5188	0004	66	
	34	1,0	1,0	1,0	1,0	1,0	9997	9836	6019	0009	65	
	35	1,0	1,0	1,0	1,0	1,0	9999	9906	6803	0018	64	
	36	1,0	1,0	1,0	1,0	1,0	9999	9948	7511	0033	63	
	37	1,0	1,0	1,0	1,0	1,0	1,0	9973	8123	0060	62	
	38	1,0	1,0	1,0	1,0	1,0	1,0	9986	8630	0105	61	
	39	1,0	1,0	1,0	1,0	1,0	1,0	9993	9034	0176	60	
	40	1,0	1,0	1,0	1,0	1,0	1,0	9997	9341	0284	59	
	41	1,0	1,0	1,0	1,0	1,0	1,0	9999	9566	0443	58	
	42	1,0	1,0	1,0	1,0	1,0	1,0	9999	9724	0666	57	
	43	1,0	1,0	1,0	1,0	1,0	1,0	1,0	9831	0967	56	
	44	1,0	1,0	1,0	1,0	1,0	1,0	1,0	9900	1356	55	
	45	1,0	1,0	1,0	1,0	1,0	1,0	1,0	9943	1841	54	
	46	1,0	1,0	1,0	1,0	1,0	1,0	1,0	9969	2421	53	
	47	1,0	1,0	1,0	1,0	1,0	1,0	1,0	9983	3086	52	
	48	1,0	1,0	1,0	1,0	1,0	1,0	1,0	9991	3822	51	
	49	1,0	1,0	1,0	1,0	1,0	1,0	1,0	9996	4602	50	
	50	1,0	1,0	1,0	1,0	1,0	1,0	1,0	9998	5398	49	
		0,99	0,98	0,95	0,9	0,85	0,8	0,75	$\frac{2}{3}$	0,5	k	n
							p					

$$P(X \le k) = F_{n;\,p}(k) = \sum_{i=0}^{k} \binom{n}{i} \cdot p^i \cdot (1-p)^{n-i}$$

Bei grau hinterlegten Werten für k und n gilt: $P(X \le k) = 1 -$ abgelesener Wert.

n	k	0,01	0,02	0,05	0,1	0,15	0,2	0,25	$\frac{1}{3}$	0,5		
												p
	51	1,0	1,0	1,0	1,0	1,0	1,0	1,0	9999	6178	48	
	52	1,0	1,0	1,0	1,0	1,0	1,0	1,0	1,0	6914	47	
	53	1,0	1,0	1,0	1,0	1,0	1,0	1,0	1,0	7579	46	
	54	1,0	1,0	1,0	1,0	1,0	1,0	1,0	1,0	8159	45	
	55	1,0	1,0	1,0	1,0	1,0	1,0	1,0	1,0	8644	44	
	56	1,0	1,0	1,0	1,0	1,0	1,0	1,0	1,0	9033	43	
	57	1,0	1,0	1,0	1,0	1,0	1,0	1,0	1,0	9334	42	
	58	1,0	1,0	1,0	1,0	1,0	1,0	1,0	1,0	9557	41	
	59	1,0	1,0	1,0	1,0	1,0	1,0	1,0	1,0	9716	40	
100	60	1,0	1,0	1,0	1,0	1,0	1,0	1,0	1,0	9824	39	100
	61	1,0	1,0	1,0	1,0	1,0	1,0	1,0	1,0	9895	38	
	62	1,0	1,0	1,0	1,0	1,0	1,0	1,0	1,0	9940	37	
	63	1,0	1,0	1,0	1,0	1,0	1,0	1,0	1,0	9967	36	
	64	1,0	1,0	1,0	1,0	1,0	1,0	1,0	1,0	9982	35	
	65	1,0	1,0	1,0	1,0	1,0	1,0	1,0	1,0	9991	34	
	66	1,0	1,0	1,0	1,0	1,0	1,0	1,0	1,0	9996	33	
	67	1,0	1,0	1,0	1,0	1,0	1,0	1,0	1,0	9998	32	
	68	1,0	1,0	1,0	1,0	1,0	1,0	1,0	1,0	9999	31	
	69	1,0	1,0	1,0	1,0	1,0	1,0	1,0	1,0	1,0	30	
		0,99	0,98	0,95	0,9	0,85	0,8	0,75	$\frac{2}{3}$	0,5	k	n
						p						

3   Tabelle der standardisierten Normalverteilung

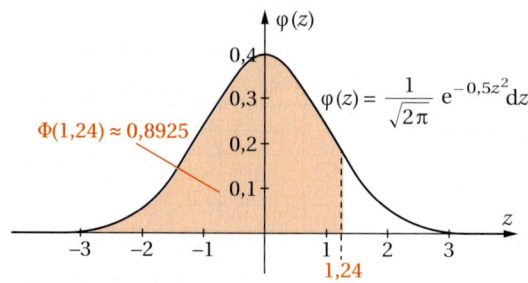

$$\Phi(z) = \frac{1}{\sqrt{2\pi}} \int_{-\infty}^{z} e^{-\frac{1}{2}z^2}\, dz \qquad\qquad \Phi(-z) = 1 - \Phi(z) \qquad\qquad \text{für } z \geq 4 \text{ ist } \Phi(z) \approx 1$$

z	0	0,01	0,02	0,03	0,04	0,05	0,06	0,07	0,08	0,09
0,0	0,5000	5040	5080	5120	5160	5199	5239	5279	5319	5359
0,1	5398	5438	5478	5517	5557	5596	5636	5675	5714	5753
0,2	5793	5832	5871	5910	5948	5987	6026	6064	6103	6141
0,3	6179	6217	6255	6293	6331	6368	6406	6443	6480	6517
0,4	6554	6591	6628	6664	6700	6736	6772	6808	6844	6879
0,5	6915	6950	6985	7019	7054	7088	7123	7157	7190	7224
0,6	7257	7291	7324	7357	7389	7422	7454	7486	7517	7549
0,7	7580	7611	7642	7673	7704	7734	7764	7794	7823	7852
0,8	7881	7910	7939	7967	7995	8023	8051	8078	8106	8133
0,9	8159	8186	8212	8238	8264	8289	8315	8340	8365	8389
1	8413	8438	8461	8485	8508	8531	8554	8577	8599	8621
1,1	8643	8665	8686	8708	8729	8749	8770	8790	8810	8830
1,2	8849	8869	8888	8907	8925	8944	8962	8980	8997	9015
1,3	9032	9049	9066	9082	9099	9115	9131	9147	9162	9177
1,4	9192	9207	9222	9236	9251	9265	9279	9292	9306	9319
1,5	9332	9345	9357	9370	9382	9394	9406	9418	9429	9441
1,6	9452	9463	9474	9484	9495	9505	9515	9525	9535	9545
1,7	9554	9564	9573	9582	9591	9599	9608	9616	9625	9633
1,8	9641	9649	9656	9664	9671	9678	9686	9693	9699	9706
1,9	9713	9719	9726	9732	9738	9744	9750	9756	9761	9767
2,0	9772	9778	9783	9788	9793	9798	9803	9808	9812	9817
2,1	9821	9826	9830	9834	9838	9842	9846	9850	9854	9857
2,2	9861	9864	9868	9871	9875	9878	9881	9884	9887	9890
2,3	9893	9896	9898	9901	9904	9906	9909	9911	9913	9916
2,4	9918	9920	9922	9925	9927	9929	9931	9932	9934	9936
2,5	9938	9940	9941	9943	9945	9946	9948	9949	9951	9952
2,6	9953	9955	9956	9957	9959	9960	9961	9962	9963	9964
2,7	9965	9966	9967	9968	9969	9970	9971	9972	9973	9974
2,8	9974	9975	9976	9977	9977	9978	9979	9979	9980	9981
2,9	9981	9982	9982	9983	9984	9984	9985	9985	9986	9986
3,0	9987	9987	9987	9988	9988	9989	9989	9989	9990	9990
3,1	9990	9991	9991	9991	9992	9992	9992	9992	9993	9993
3,2	9993	9993	9994	9994	9994	9994	9994	9995	9995	9995
3,3	9995	9995	9995	9996	9996	9996	9996	9996	9996	9997
3,4	9997	9997	9997	9997	9997	9997	9997	9997	9997	9998
3,5	9998	9998	9998	9998	9998	9998	9998	9998	9998	9998
3,6	9998	9998	9999	9999	9999	9999	9999	9999	9999	9999
3,7	9999	9999	9999	9999	9999	9999	9999	9999	9999	9999
3,8	9999	9999	9999	9999	9999	9999	9999	9999	9999	9999
3,9	1,0	1,0	1,0	1,0	1,0	1,0	1,0	1,0	1,0	1,0

Sachwortverzeichnis